基金项目：2020年度河南省高等学校青年骨干教
资助项目：人文生态视阈下黄河中下游地区非物质文化遗产
（2020GGJS024）

数字艺术与文旅融合视野下的非遗文化传承研究

严 琰◎著

吉林大学出版社

·长春·

图书在版编目（CIP）数据

数字艺术与文旅融合视野下的非遗文化传承研究 / 严琰著. -- 长春：吉林大学出版社，2023.5
ISBN 978-7-5768-1772-0

Ⅰ.①数… Ⅱ.①严… Ⅲ.①非物质文化遗产—研究—中国 Ⅳ.① G122

中国国家版本馆 CIP 数据核字 (2023) 第 106062 号

书　　名	数字艺术与文旅融合视野下的非遗文化传承研究
	SHUZI YISHU YU WENLÜ RONGHE SHIYE XIA DE FEIYI WENHUA CHUANCHENG YANJIU
作　　者	严　琰　著
策划编辑	殷丽爽
责任编辑	殷丽爽
责任校对	李适存
装帧设计	守正文化
出版发行	吉林大学出版社
社　　址	长春市人民大街 4059 号
邮政编码	130021
发行电话	0431-89580028/29/21
网　　址	http://www.jlup.com.cn
电子邮箱	jldxcbs@sina.com
印　　刷	天津和萱印刷有限公司
开　　本	787mm×1092mm　1/16
印　　张	12
字　　数	230 千字
版　　次	2024 年 1 月　第 1 版
印　　次	2024 年 1 月　第 1 次
书　　号	ISBN 978-7-5768-1772-0
定　　价	72.00 元

版权所有　　翻印必究

作者简介

严琰 四川美术学院影视动画专业本硕毕业。美国密苏里大学访问学者；郑州大学美术学院副教授，硕士生导师，艺术设计系副主任，河南省青年骨干教师；国家文化产业创业创意人才库成员；河南省电影审查专家；韩国教育部下辖全南教育厅、国际融合教育振兴院外籍教授。省级一流课程负责人，省级虚仿项目负责人。发表核心期刊论文8篇。主持省厅级项目十余项。

研究方向：基于数字艺术的非物质文化遗产研究 动画教育与产业发展研究

前　言

新世纪以来，我国非物质文化遗产的保护工作得到了有效、全面的开展，取得了显著成果。近十年来，中国非物质文化遗产保护从单项选择性项目保护阶段走向全国综合性、全面性、系统性的科学保护阶段和依法保护阶段，依法保护阶段的主要标志是：2011年2月25日十一届全国人大常委会第十九次会议审议通过《中华人民共和国非物质文化遗产法》。究其原因：一是在国际范围内对非物质文化遗产保护工作的重视越来越普遍和广泛；二是近年来我国对于文化的认知具有包容性的眼光，尤其是对历史文化遗产的认知。人类文化的深厚性与人类整体发展的要求是一致的。一个以人为本的社会是一个对文化多样性秉持尊重态度的社会。在这样的大环境下，非物质文化遗产的保护正好与之适应。中国地域辽阔，有着悠久的历史和众多的民族，因此我国的非物质文化遗产丰富多彩，异彩纷呈。对于中国的非物质文化遗产进行保护和利用，能凝聚和延续民族精神，有益于文化的创新，有利于实现中华民族的伟大复兴，具有非常重要的地位和作用。

本书第一章为非物质文化遗产概述，分别介绍了非物质文化遗产的内涵、非物质文化遗产的分类及特征表现和非物质文化遗产的价值三部分内容；本书第二章为中外国家的非物质文化遗产保护，分别介绍了国外非物质文化遗产的保护和中国非物质文化遗产的保护两部分内容；本书第三章为非物质文化遗产的传承策略，分别介绍了非物质文化遗产传承人的保护、非物质文化遗产的教育传承和非物质文化遗产与可持续发展三部分内容；本书第四章为数字艺术与文旅融合视野下的非物质文化遗产保护，主要介绍了非物质文化遗产保护的必要性与可能性、非物质文化遗产保护的理念和原则、非物质文化遗产的保护方式、非物质文化遗产保护的法律探索和数字艺术与文旅融合视野下的非物质文化遗产保护五部分内容；本书第五章为文化遗产旅游品牌建设，主要讲述了旅游品牌理论、旅游品牌构建过程中存在的问题和数字艺术与文旅融合趋势下的品牌提升战略三部分内容。

在撰写本书的过程中，作者得到了许多专家学者的帮助和指导，参考了大量的学术文献，在此表示真诚的感谢！限于作者水平有不足，加之时间仓促，本书难免存在一些疏漏，在此，恳请同行专家和读者朋友批评指正！

严琰
2022 年 6 月

目 录

第一章 非物质文化遗产概述 ·· 1
 第一节 非物质文化遗产的内涵 ·· 1
 第二节 非物质文化遗产的分类及特征表现 ································ 9
 第三节 非物质文化遗产的价值 ·· 23

第二章 中外国家的非物质文化遗产保护 ·· 34
 第一节 国外非物质文化遗产的保护 ·· 34
 第二节 中国非物质文化遗产的保护 ·· 54

第三章 非物质文化遗产的传承策略 ·· 72
 第一节 非物质文化遗产传承人的保护 ···································· 72
 第二节 非物质文化遗产的教育传承 ·· 94
 第三节 非物质文化遗产与可持续发展 ·································· 105

第四章 数字艺术与文旅融合视野下的非物质文化遗产保护 ············ 116
 第一节 非物质文化遗产保护的必要性与可能性 ·················· 116
 第二节 非物质文化遗产保护的理念和原则 ·························· 120
 第三节 非物质文化遗产的保护方式 ······································ 129
 第四节 非物质文化遗产保护的法律探索 ······························ 135
 第五节 数字艺术与文旅融合视角下的非物质文化遗产保护 ······ 138

第五章　文化遗产旅游品牌建设 ……………………………………………… 157
　　第一节　旅游品牌理论 …………………………………………………… 157
　　第二节　旅游品牌构建过程中存在的问题 ……………………………… 168
　　第三节　数字艺术与文旅融合趋势下的品牌提升战略 ………………… 172

参考文献 ……………………………………………………………………… 182

第一章 非物质文化遗产概述

本章主要讲述的是非物质文化遗产概述，主要从以下三方面进行论述，分别是非物质文化遗产的内涵，非物质文化遗产的分类及特征表现和非物质文化遗产的价值。

第一节 非物质文化遗产的内涵

一、非物质文化遗产的概念

文化是一个国家和民族的根脉，是民族精神和智慧长期的凝聚和历史积淀。文化遗产是文化的重要载体之一。文化遗产包括两部分：一是物质文化遗产，主要是指以物质形式存在于世的文化遗产，如器具、古代建筑、字画等；二是非物质文化遗产，主要是指依赖于众口代代相传保留于世的文化遗产，如民歌、习俗、语言、民间故事等。一般来说，非物质文化遗产是以非物质方式传承下来的文化遗产。

（一）非物质文化遗产概念溯源

非物质文化遗产概念的提出经历了一个漫长的过程。1950年，非物质文化遗产相关概念由日本首次提出并且实施保护，并且是首次以法律的形式对非物质文化遗产的范畴和保护制度进行了规定。

1972年，《保护世界文化和自然遗产公约》由联合国教科文组织通过，对文化遗产进行了界定，主要分为三类："文物""建筑群""遗址"，此时这里提到的文化遗产主要指的是物质文化遗产。之后，一些发展中国家提议，应该对口头和非物质遗产给予关注，以此作为对上述公约的补充。

1982年,联合国教科文组织成立了专门的管理部门——"非物质遗产"部门。该部门的成立标志着"非物质文化遗产"的概念已经受到了人们的广泛关注。

1997年11月,在第29届大会上,联合国教科文组织通过了关于"人类口头遗产代表作"国际荣誉称号的决策,并决定在"口头遗产"一词后增加"非物质遗产",这意味着"民间文化"首次获得人类遗产的地位。

1999年11月,在第30届大会上,联合国教科文组织决定设立"人类非物质和口头遗产代表作"名录,同时提出了人类口头和非物质遗产并列的概念,这使得在国际上"非物质文化遗产"概念的广泛传播且被广泛认同。

2001年,《世界文化多样性宣言》由联合国教科文组织通过,在这则宣言中正式提出了"非物质文化遗产"概念,明确强调了维护文化多样性的重要意义,同时呼吁保护非物质文化遗产。

2003年10月,在巴黎召开的联合国教科文组织第32届大会中,《保护非物质文化遗产公约》(下文简称《公约》)正式通过。《公约》对非物质文化遗产的概念进行了详细的界定,明确了非物质文化遗产所包含的内容和范围,还通过了《申报书编写指南》。《公约》的最终目的是对非物质文化遗产的保护,包括对口头表述、传统表演艺术、传统手工艺、节庆礼仪等形式的保护。截至目前,这是关于非物质文化遗产保护中,联合国发布的最重要的文件。当前,该《公约》已有146个缔约国,2004年8月中国正式加入该《公约》。到2016年1月,我国已成功申报38项世界级非物质文化遗产(30项人类口述和非物质文化遗产代表作,7项急需保护的非物质文化遗产名录,1项优秀实践名册),这使得中国成为世界上非物质文化遗产数量最多的国家之一。我国部分地区入选联合国教科文组织的"人类口述和非物质文化遗产代表作"项目,具体情况如表1-1-1所示。

表1-1-1 我国入选联合国教科文组织的"人类口述和非物质文化遗产代表作"项目(部分)

序号	项目名称	入选时间	概况
1	昆曲	2001年5月	昆曲被誉为"百戏之祖,百戏之师",起源于江苏昆山,是中国现存最古老的剧种之一。昆曲有着艺术性非常强的唱腔,它的艺术性深刻影响着中国近现代的各类戏剧。中国昆曲艺术在2001年5月入选"人类口述和非物质遗产代表作",中国成为首次获此殊荣的19个国家之一

（续表）

序号	项目名称	入选时间	概况
2	古琴艺术	2003年11月	古琴是最早的弹弦乐器，主要由弦和木质共鸣器发音，其中蕴含着深厚的民族文化色彩，是"琴棋书画"之首。古琴艺术有着广泛而深刻的影响，主要体现在对中国美学史、音乐史、思想史、社会文化史等的影响上，是典型的中国传统音乐文化。中国古琴艺术在2003年11月入选了第二批的"人类口述和非物质文化遗产代表作"
3	新疆维吾尔木卡姆艺术	2005年11月	中国新疆维吾尔木卡姆艺术是对于在新疆维吾尔聚居区流行的各种木卡姆的总称，集歌、舞、乐于一体。维吾尔木卡姆是对东西方的文化进行了融合后形成的，这主要因为"丝绸之路"横贯欧亚，是古代陆上交通的大动脉，推动了东西方文化的融合。维吾尔木卡姆对不同人群乐舞文化的交融、传播的历史进行了记录和验证。新疆维吾尔木卡姆艺术在2005年11月入选第三批"人类口述和非物质文化遗产代表作"
4	蒙古族长调民歌（与蒙古国联合申报）	2005年11月	蒙古族长调民歌是一种独特的演唱形式，具有鲜明的地域文化、游牧文化特色。它采用草原民族特有的语言记录了蒙古族人民对文化、历史、道德、人文习俗、艺术、哲学等方面的感受。它充分展现了蒙古族人民在生产、生活上的精神风貌。蒙古族长调民歌在2005年11月入选第三批"人类口述和非物质文化遗产代表作"

从"无形文化财产"到"无形文化遗产"再到"民间创作"，之后发展到"人类口头和非物质遗产"，最后到"非物质文化遗产"，经历了多次修改和完善，非物质的文化遗产的概念最终确定了下来。

（二）非物质文化遗产概念诠释

2003年，在联合国教科文组织大会上通过了《公约》，该《公约》中的第2条对非物质文化遗产做出了准确的定义："非物质文化遗产指被各群体、团体、有时为个人视为其文化遗产的各种实践、表演、表现形式、知识和技能及其有关的工具、实物、工艺品和文化场所。"各个群体和团体随着其所处环境、与自然界的相互关系和历史条件的变化不断使这种代代相传的非物质文化遗产得到创新，同时使他们自己具有一种认同感和历史感，从而促进了文化多样性和人类的创造力。在本《公约》中，只考虑符合现有的国际人权文件，各群体、团体和个人之间相互尊重的需要和顺应可持续发展的非物质文化遗产。非物质文化遗产包括各种类型的民间知识、民族传统，具体来说主要分为五个方面：第一，口头传说和表述，这其中包括作为非物质文化遗产媒介的语言；第二，表演艺术，主要包括舞蹈、音乐、曲艺、戏剧等；第三，礼仪、社会风俗、节庆；第四，和自然界、宇宙有关的知识和实践；第五，传统的手工艺技能。

《国务院关于加强文化遗产保护的通知》是在2005年发布的，在这个文件中定义了非物质文化遗产，即与群众生活紧密相连的、代代传承的、以非物质形态存在于世的文化表现形式，包含传统表演艺术、口头传统、民间传统与自然界和宇宙有关的知识和实践、民俗活动和礼仪与节庆、传统手工艺技能等，还包括与上述传统文化表现形式相关的文化空间。在这个通知中所界定的非物质文化遗产与联合国教科文组织通过的《公约》保持了一致。

根据非物质文化遗产的概念和内容我们可以明确，非物质的文化遗产主要表现在人们的生产、生活方式上。尽管很多的非物质文化遗产的呈现方式需要借助物化的形式，但是它需要传承者的口传心授才能传承下去，以至于处于一种不断运动变化的状态，因此它的主要特征是活态流变性。而物质文化遗产更多的是以凝定的、固化的形式存在。从这个角度看，如果使用"固体文化遗产"来称呼物质文化遗产，那么可以使用"活态文化遗产"来称呼非物质文化遗产，这样的称呼生动地反映了两种文化遗产的本质特征。

确认民族身份是申报非物质文化遗产的重要意义和最大作用。文化可以说是"一个民族的身份证"，每一种文化都具有独一无二、不可替代的价值观念，一个民族证明自身在世界上的存在的最有效的手段就是民族的表达形式和民族传统。中国的非物质文化遗产中蕴含着中华民族特有的思维方式、文化意识、想象力及精神价值，是中国历史的见证者，同时也是中华文化的重要载体之一，是我国的各族人民在长期的历史实践中、在经验总结中创造出来的丰富多彩的文化遗产，体现了中华民族的创造力和生命力，是民族智慧的结晶，也是维护民族团结、连接民族情感的重要纽带，更是维护国家统一的重要基础。

对于非物质文化遗产的保护和利用不仅可以对民族优秀的文化和传统进行发扬和继承，还可以增强民族的凝聚力和自信心，不仅可以促进经济、社会的发展和进步，还能促进文化和经济等可持续发展。

中国非物质文化遗产标志如图1-1-1所示。此标志从整体上看，外圆内方，外部的圆圈表示循环，暗示着生命生生不息；内部的方与外部的圆相互对应，主要展现了天圆地方同根文化，方圆相生，有着共同的渊源。在标志的最中间有鱼纹和抽象的双手，远观还能看到"田"字。鱼纹是中国早期的一种图示纹样，一是隐喻"文"字；二是因为鱼在水中产生，寓意中华文化代代相传，源远流长；三是鱼纹造型与"天井"相似，这表明非物质文化遗产产生于民间，在民间获得保留和传承。抽象的双手共同守护着"文"字，寓意着和谐、团结、精心呵护和对非物质文化遗产的保护，誓守精神家园。"田"字形象，主要是表明中国传统文化根植于中国这片广袤的土地，有着深厚的农耕文化和文明。

图 1-1-1 中国非物质文化遗产标志

二、非物质文化遗产的物质形态

非物质文化遗产所强调的非物质性并非与物质隔绝，被称为"非物质"的主要原因在于：首先，它没有固定的物质载体，而只存在于丰富的无形文化形态之中，如人们口头传说、表演、表述、生活习惯、民间习俗、年节庆典、交接礼节、各种宗教仪式、专门化的手工艺、技巧和操作实践，以及各种民间社火、行傩逐疫、迎神奉像、场圩文化空间序列之中；其次，它主要是存在于精神领域，以"非物质形态"存在的创造活动及其结晶。无论如何，非物质文化形态需要通过一种或一种以上的物质形态而独立存在，如信息、符号或财产权。

（一）符号形态

中国古老的传统文化通过规则、仪俗、礼乐等特定形式及特殊的符号，如"指标""肖像""象征"等，依照自然界的韵律、时序、敬畏、节奏等成为根植于心的非物质文化遗产。非物质文化遗产就好似一件经过从初级到深加工，从造型、构思设计、款式、装潢到商标、包装、广告等流程的，凝结着文化个性、文化素养及审美意识的产品，在一定程度上展现着文明水平[1]。非物质文化遗产的内涵表现需要一定的"文化空间"，需要通过一些物质形态来表征，如符号。文化符号可以体现自然的和人们所认为有意义的事物，促使人们对它的形象和意义进行重新思索。非物质文化遗产的文化内涵就是通过符号形态展现出来的。查尔斯·皮尔士（Charles Peirce）曾经说过，通过一定的形式系统，符号可以代替或者代表与符号本身不同的其他现象、事物、过程，主要原因在于符号的解释者是依照社会规范或者一定的共同体对符号作出认知或者解释的[2]。

我们可以将某种非物质文化遗产看作符号或符号组合，这样我们对其形式的理解不仅会站在纯视角层次，也会对其所表征的文化意义产生关心，并且作出阐释。例如，国家非物质文化遗产之一的新会蔡李佛拳术，我们没有将其看作一般的体育而是看成武术艺术的时候，就进入了阐释阶段，并且对其赋予了文化符号的意义。之后对其归类时，没有将其归入具体技艺，而是归入立体图画，这代表着阐释的全面和多元化发展，进入了文化的符号层面。在此基础上，蔡李佛拳术在武术史书上是一部"南拳北腿"的历史画卷，在人文历史上是一部侨乡人尚武文化的历史见证。同样一件作品，随着时间的变化，随着我们对其外在符号的不同理解与阐释，其所蕴含的文化意义也会发生变化。

（二）信息形态

信息是人类认知的独立对象，信息一方面是物理世界的表征，另一方面是具体的、可描述的，如情报、消息、数据、信号、知识、资料、符号等信息集合一样的存在。对于信息的认识，人类有一个逐渐的、缓慢的过程。在早期的农耕社会，信息只是一种日常用语，其外在表现是消息和信件，是人们交流感情、传递消息、建立联系的一种认识、事实和客观现象。之后的工业社会，信息成了生产力的重要因素之一，信息的收集、内容、编辑成为重要的资源。在当前的知识经济时代，符号是信息的表达方式，在法律上是被认可的知识财产，是典型的客观化知识。

非物质文化遗产是一种文化资产，其物理形态是无形的，但其内在包含的信

---

[1] 汪晓莺. 试论知识经济时代经济的文化化 [J]. 江西社会科学, 2003（12）：164-165.
[2] 卢德平. 皮尔士符号学说再评价 [J]. 北方论丛, 2002(4)：99-105.

息价值、商品价值是具有物质属性的。艺术家创造的任何一种非物质文化遗产都是有意义的符号系统。对于非物质文化而言，它们的物质载体有的是文化创造者自身的行为，演员自身的表演行为直接生成非物质文化遗产，艺术作品就是表演本身，如泰山的浮石色彩、新会的蔡李佛拳等。有的是不脱离劳动的过程，通过特定的物质产品来表达，会在生产与消费之间存在一定的时间，具有"劳动活动"的形式，如侨乡传统节庆活动等。

总而言之，非物质文化遗产不管以什么样的形式存在都需要经过一系列的信息传递过程和创作过程，如创意、构思、选材、形象塑造、艺术提炼等，之后接受者会进行复制和转译，其本身就蕴含着物质形式，并逐渐成为一种商品化的事物，与此同时，生产和消费才会有交换。非物质文化遗产在有了交换的可能之后，就成了传达信息的一种特殊性商品。这种非物质文化遗产是特殊的信息内容，通过消费这一方式，满足调整情绪、愉悦身心、恢复与蓄积新的劳动势能的精神需要。

（三）财产权利形态

非物质文化遗产是一种"财产"，它需要借助一定的表现手段或者一定的物质材料对人为意味作用的文化和自然意味的事物进行展现，如各种材料、色彩、明暗、线条、代码、旋律等。通过其传达的信息价值，以无形财产权，如信息作品、舞蹈作品、音乐作品、建筑作品等知识产权、民俗、民间艺术成为人们享有和支配的"权利"。

人们对财产价值的利用观念由交换价值、用益价值向伦理价值、收益价值转变的必然结果就是作为财产"权利"的出现。在早期的简单商品经济时期，第一要务就是生存，对于财产的利用主要体现在用益价值上，各种服务于人的"物"理所当然地成为财产权的客体，包括衣服、生产工具、羊群等动产和牧场、森林、土地等不动产。之后市场经济快速发展，主要以商品交换为中心，此时人们对于财产的拥有不再局限于用益价值，而是追求适应财产的便捷流转，追求交换价值。因此，人们在事物上设置了各种"权利"，创造了各种代表财产的抽象形式，如可以进行流通的有价证券、具有经济内容的民事权利等。

在知识经济时代，主要以知识、信息、技术等新兴生产要素为主，此时的人们注重财产的收益价值。在生物技术时代，无形的财产开始出现，如计算机软件、各种人格的商业利用、数据库和网络虚拟财产等，随着基因工程及克隆和生物复制等生物医学的发展，人们开始重视财产的伦理价值，并对基因财富特别重视，将身体的部分物化为财产，如胚胎、基因、受精卵等。当前，不管是在大陆法系还是英美法系中，货币可以衡量具有经济价值的权利与权利的对象，即财产。法律上的财产概念就是一组权利，这些权利主要是一个人可以对其所占有的资源进行使用、占有、转让、馈赠、改变或阻止他人侵犯①。有用性、稀缺性和可控性是它所具有的三个特征。财产是特定制度下产生的一种产品，在不同的历史阶段和不同的法律传统中财产权的概念有着不同的法律形式和法律内涵。

财产与财产权之间存在两种关系：一是财产包含了财产权；二是财产权将对财产利益的支配外现为权利状态。财产和财产权随着财产权客体的扩张呈现出两种显著的趋势：一是财产的权利化和非物质化，二是财产权的二元性趋势。这也就是说，一方面，财产权的界限非常的模糊，不仅包含债权、物权、知识产权等传统私法领域，还包括由公法所创造的新财产，如补贴、福利资助、养老金、政府福利等。另一方面，财产权的私权和人权属性随着信用权、身体权、形象权、顾客权、环境权等的出现归于统一。由此可见，财产权、财产与权力关系密切。

财产并不以自然状态存在，它从产生之时起就是受特定法律制度保护的财产权。可以看出，"财产权作为一种制度产品，其种类、范围是随着社会生产力的发展而带来……法便不得不承认他们是获得财产的新方式"②。那么，所谓的权利是不是权力拥有者的"财产"（property）或财产权呢？我们可以在布莱克法律词典对"权利"的解释的基础上这样认为，权利与财产或财产权并非一回事，也就是说，权利与权利的紧密关联物并非一定是同一个事情。权利不是物，而是"人对物与人""人对人"或"人对物"的关系属性。

非物质文化遗产的动力"源泉"来自智力劳动，因而具有三个特征：一是主体的不特定性；二是客体的不确定性；三是保护时间的无期限性。虽然非物质文化遗产并不属于传统意义上的知识产权（包括著作权、专利权、商标权三个主要组成部分），但在权利形态上与知识产权有密切的关系，同时在保护方法上，非物质文化遗产与传统知识产权相似。因此，其属于知识产权的范畴。

第一，作为知识产权私权的客体。知识产权权利体系具有开放性的特点，包

---

① 罗伯特·考特，托马斯·尤伦. 法和经济学 [M]. 张军，等译. 上海：上海三联书店，1994.
② 马克思，恩格斯. 马克思恩格斯全集（第3卷）[M]. 北京：人民出版社，1972.

括三类客体，分别是创造性成果、经营性资信、经营性标记。科学技术的不断发展与进步，以及社会的不断进步促进了整个权利体系包括非物质文化遗产在内的不断调整。

第二，作为知识产权人权的客体。由于非物质文化遗产影响人类生活，体现了与人权的不可分割性，因此知识产权通过国际人权保护相关的法律文件确定成为一种人权。例如，《世界人权宣言》（以下简称《宣言》）在1948年12月10日生效，《宣言》的第27条规定：①人人有权参加社会和文化生活，享受艺术，并分享科学进步所带来的益处；②人人有权要求保护自身所创作的文学、科学、艺术作品中的精神利益和物质利益，其中包括创作者个人享有的基本的文化权利和创作集体享有的世界性的基本人权。

第二节 非物质文化遗产的分类及特征表现

一、非物质文化遗产分类

（一）非物质文化遗产分类研究的意义

1. 非物质文化遗产的一般与个别

"非物质文化遗产"的概念是一个对一切非物质文化遗产现象都普遍适用的一般性概念，也是一个学术术语，是对所有非物质文化遗产现象的共性进行高度概括和高度抽象的理论结晶。"非物质文化遗产"概念的出现和形成，一方面在人类文化遗产现象中建立了一个新的领域和新的学科范畴，拓展和丰富了人类文化遗产所覆盖的疆域；另一方面，"非物质文化遗产"概念的形成为非物质文化遗产新的理论研究领域和新的科学研究对象确立了最一般、最普遍的概念基础，为非物质文化遗产学的学科奠定了共同的话语基础和讨论领域。可以说，非物质文化遗产理论研究的第一块基石就是"非物质文化遗产"这一抽象而普遍的概念。

在理论上我们可以对非物质文化遗产现象进行概括和抽象出最一般的概念，但是在实际的生活中存在的非物质文化遗产现象都是个别的、具体的。就中国的非物质文化遗产而言，它们仍然具有很强的生命力，如新疆维吾尔族的十二木卡姆，藏族的史诗《格萨尔》，蒙古族的长调民歌，云南大理白族的"绕三灵"，云南石林的"阿诗玛"传说，广西壮族的"刘三姐"歌舞艺术，汉族的剪纸艺术、南音艺术、古琴艺术、昆曲艺术，中华民族的春节、端午节、元宵节、中秋节等年节文化，等等，数不胜数，五彩缤纷。这些都是具体的非物质文化遗产现象。"非物质文化遗产"作为一个一般的、抽象的概念，是对整个人类非物质文化遗产现象的共性进行抽象的理论结晶，是一种抽象的产物，包括中华民族创造的所有非物质文化遗产。在这种抽象的概括中，需要对非物质文化遗产所具有的独特性及其表现形态进行舍弃，进而进行最一般的、抽象的、最普遍的概括与总结。在这种情况下，才能将所有的非物质文化遗产现象涵盖到"非物质文化遗产"这样一个大的概念中。尽管如此，在实际的生活中，对于具体的非物质文化遗产的考察研究、传承和保护都是实实在在的、鲜活生动的、各具特色的非物质文化遗产现象。正如我们在所有的科学研究活动中，包括自然科学和人文社会科学活动中都会遇到的那样，在非物质文化遗产的理论研究中，我们也会遇到一个"一般与个别"问题，即"普遍与特殊"问题。详细来说，面临的是"非物质文化遗产"的一般理论概念与实际中的个别、具体之间的关系问题。

2. 分类研究的必要性

对于非物质文化遗产中的一般性与个别性的矛盾应该如何解决，以及深入研究非物质文化遗产是当前面临的重要问题。对于两极对立的解决，需要在这两极之间架起一座桥梁——引入分类学的方法，这是一条非常有效的途径，也就是说从非物质文化遗产的一般的界定进入分类学范畴。世界上的非物质文化遗产具有形态各异、丰富多彩、异彩纷呈的特点，但是它们可以依据一定的标准、原则进一步划分为不同的类别和类型，从而进行深入的、系统的研究。例如：蒙古族的《江格尔》、藏族的《格萨尔》、柯尔克孜族的《玛纳斯》等，这些都是口传文学的杰出代表，可以归入民族史诗的范畴；民间年画、剪纸艺术、泥塑艺术、面塑艺术、民间木雕等可以归入民间美术创作的范畴；云南白剧、藏族的藏戏、贵州侗戏、彝剧、壮剧、广西师公戏等可以归为民族民间戏剧；京韵大鼓、相声、苏州评弹、山东快书等可以归入民间曲艺领域；民族民间曲艺、民族民间戏剧、民族民间杂技、民族民间舞蹈等可以归为民族民间表演艺术或传统表演艺术。就世界范围来说，中国的春节、端午节、元宵节、中秋节，西方国家的复活节、圣诞节等可以统称为节庆文化；对于婚丧嫁娶的礼仪习俗而言，各国都有不同的习俗。就中国的婚丧嫁娶习俗而言，汉族和少数民族的婚丧嫁娶习俗也不尽相同。虽然不同的国家、不同的民族、不同的地域有着不同的礼仪习俗，但是这些都可以归入礼仪习俗文化这一类别中。总而言之，非物质文化遗产都可以按照一定的原则和观念进行划分，归入一定的类别。非物质文化遗产的分类问题不仅是理论研究的需要，同时也是非物质文化遗产保护的实践需要，因此需要格外重视。

事实上，科学研究中必不可少的一环就是分类研究，同时分类研究也是学科研究由一般原理研究转向特殊对象研究的过渡和理论准备。分类法指的是"根据对象的共同点和差异点，进行分析整理，分门别类，从而找出规律，预见将来。分类可以把纷繁复杂的材料加以条理化、系统化，使认识不断深化"[①]。

众所周知，在自然科学中，分类学研究非常发达，如化学、生物学等学科中的分类研究非常具有典型性。虽然与自然科学相比，人文社会科学研究中的分类学研究没有那么精密、发达、严谨、科学，但依旧受到了高度重视，而且在一些学科中有了很大的进展。文化学、艺术学研究与非物质文化遗产研究有着密切的联系，即使在与非物质文化遗产密切相关的文化学和艺术学研究中，文化类型学和专门从事艺术分类体系的艺术类型学、艺术形态学研究也取得了相当不错的学术成就。因而，不管是自然科学领域还是人文社会科学领域的研究，分类研究都是不可或缺的重要环节，对于非物质文化遗产研究也是如此。

（二）国家级非物质文化遗产名录的分类体系

1. 国家级非物质文化遗产名录的十种分类

中华人民共和国国务院在2006年5月20日发出《国务院关于公布第一批国家级非物质文化遗产名录的通知》，批准并予以正式公布第一批国家级非物质文化遗产名录，共计518项。在《第一批国家级非物质文化遗产名录》中，我国非物质文化遗产被分为十大类：①民间文学；②民间音乐；③民间舞蹈；④传统戏剧；⑤曲艺；⑥杂技与竞技；⑦民美术；⑧传统手工技艺；⑨传统医药；⑩民俗。

国家在2008年公布了《第二批国家级非物质文化遗产名录》；在2011年公布了《第三批国家级非物质文化遗产名录》。第二批、第三批名录对《第一批国

---
① 刘茂才，张伟民. 科学学辞典[M]. 成都：四川省社会科学院出版社，1985.

家级非物质文化遗产名录》所制定的十大分类进行了沿用，仅是将第一批名录中的"民间音乐""民间舞蹈""民间美术"三项修改为"传统音乐""传统舞蹈""传统美术"；用"传统体育、游艺与杂技"和"传统技艺"替换掉第一批名录中的"杂技与竞技"和"传统手工技艺"。与第一批国家级非物质文化遗产名录相比，后两批的国家级非遗名录尽管在一些特定门类名称上做了修改和调整，但十大类的分类、基本结构和排列顺序基本上是一致的，国家级非物质文化遗产名录特有的分类方法和分类体系也因此形成。

此前已经公布的三批《国家级非物质文化遗产名录》中的十大类划分方法是当前中国非物质文化遗产研究领域中对非物质文化遗产分类研究的实践成果。此分类的形成聚集了非物质文化遗产、民族民间文化艺术研究领域的众多学者、专家、政府机关的集体智慧和共同的经验，同时对国内外的优秀研究成果中的合理成分进行了吸收和借鉴，并且以中国非物质文化遗产的实际情况及当前非物质文化遗产保护的现状和需求为基础，是非物质文化遗产分类研究上理论与实际相结合、一般与特殊相结合的成功典范。这三批公布的国家级目录，是面向社会由国家公布的，因此具有权威性和示范性，这也成为当前我国影响力最大、应用范围最广泛的非物质文化遗产的分类方法和标准。

（1）民间文学

与官方文学相比，民间文学主要是指在民间社会中产生和传播的、最能反映市民大众审美情趣和情感的文学作品。史诗、歌谣、笑话、叙事诗歌、传说、神话、故事、寓言等是民间文学的主要形式。在我国的非物质文化遗产中具有代表性的民间文学主要有白蛇传传说、孟姜女传说、梁祝传说、西施传说、董永传说、济公传说、阿诗玛传说、刘三姐歌谣、杨家将传说、八仙传说、牛郎织女传说、赵氏孤儿传说、木兰传说、舜的传说、阿凡提故事、禹的传说等。

（2）民间音乐

民间音乐指的是在漫长的历史长河中，人们通过口口相传而流传下来的音乐形式和作品，又被称为"民俗音乐""民间歌谣"简称为"民歌""民谣""民乐"。民间音乐不管是在乐器上还是在演奏乐谱和演奏形式上都有强烈的民族性和地域性特点，在长期的发展中与当地的民俗习惯相互融合，与当地的民俗活动相连接。在我国的非物质文化遗产中具有代表性的民间音乐作品和形式主要有蒙古族呼麦、唢呐艺术、古琴艺术、川江号子、蒙古族马头琴音乐、羌笛演奏及制作技艺、南坪曲子、陕北民歌、西岭山歌、口弦音乐、凤阳民歌等。

（3）民间舞蹈

民间舞蹈属于民俗文化的研究领域，是各族人民群众自己创造的、在历史进程中直接继承下来的最朴素、最质朴、最富有生命力的舞蹈形式。民间舞蹈与各族人民的生产生活息息相关，与人们的民俗活动、传统观念紧密结合，有着鲜明的民族性和地域性。在我国非物质文化遗产中，民间舞蹈的代表形式和作品有龙舞（如图1-2-1所示）、秧歌、高跷、狮舞、羌族羊皮鼓舞、傣族孔雀舞、跳曹盖、跳马伕、玩牛、佾舞、鼓舞、花鼓灯、京西太平鼓等。

图1-2-1 龙舞

（4）传统戏剧

所谓的戏剧是指通过动作、语言、音乐、舞蹈、木偶等形式来进行叙事的舞台表演艺术的总称。中国古典戏剧是中华民族文化的重要组成部分。非物质文化遗产中的传统戏剧类包含两类，一是戏曲，指的是中国传统戏剧；二是话剧。在我国非物质文化遗产中传统戏剧的代表形式和作品有昆曲、川剧、高腔、湘剧、豫剧、秦腔、京剧、越剧、徽剧、粤剧、黄梅戏、沪剧、皮影戏（如图1-2-2所示）、花鼓戏、木偶戏、淮海戏等。

图 1-2-2　皮影戏

（5）曲艺

曲艺艺术的专门称谓就是"曲艺"，同时曲艺也是从官方到民间口头语言中对口头语言的"说唱"艺术形式的总称。可以这么说，曲艺是中国历史上悠久的、传统深厚的艺术门类之一。在我国非物质文化遗产中，曲艺的代表形式和作品有东北二人转、苏州评弹、陕北说书、东北大鼓、扬州清曲、凤阳花鼓、独角戏、相声、四川扬琴、数来宝、四川清音、山东花鼓、四川评书、粤曲等。

（6）杂技与竞技

杂技是原始人在狩猎过程中形成的一种技能。它表达了原始人狩猎的欢快、喜悦与胜利的感情。所谓的竞技指的是比赛技艺，多指体育竞赛，当下的网络游戏比赛也包含在内。在我国非物质文化遗产中，杂技与竞技的代表形式和作品有少林功夫、沧州武术、武当武术、太极拳、围棋、象棋、螳螂拳、峨眉武术、马戏、戏法、风火流星、精武武术、咏春拳、通背拳、幻术、口技、十八般武艺、赛龙舟（如图 1-2-3 所示）、花毽等。

图 1-2-3　赛龙舟

（7）民间美术

民间美术是相对于文人美术、宫廷美术、宗教美术而言的。中国民间美术是以美化环境、丰富民俗活动为目的，由人民群众创造并应用于日常生活中的大众化艺术。民间美术是一切美术形式的源泉，是构成各民族美术传统的重要因素。在我国非物质文化遗产中，传统民间美术的代表形式和作品有桃花坞木版年画、纳西族东巴面、绵竹木版年画、藏族唐卡、苏绣、剪纸、蜀绣、湘绣、夜光杯雕（如图1-2-4所示）、泥塑、金石篆刻、灯彩、草编、面人、汉字书法、石雕、盆景技艺、传统插花等。

图1-2-4 夜光杯雕

（8）传统手工技艺

传统手工技艺是指在民间生产和传播的，反映民间生活、蕴含民间审美习惯的工艺美术作品的制作技术，其范围十分广泛。在我国非物质文化遗产中，传统手工技艺的代表形式和技术有蜀锦织造技艺、景德镇手工制瓷技艺、南通蓝印花布印染技艺、南京云锦木机妆花手工织造技艺、客家土楼营造技艺、苗族银饰锻制技艺、苗寨吊脚楼营造技艺、景泰蓝制作技艺、雕漆技艺、宣纸制作技艺、茅台酒酿制技艺、风筝制作技艺、雕版制作技艺等。

（9）传统医药

传统医学是指一套以不同文化背景的土著理论、信仰和经验为基础的知识、技能和实践活动，不论是否有明确的解释，其主要目的在于维护健康，并用于诊断、预防、改善、治疗身心疾病。在我国非物质文化遗产中，传统医药的代表形式和技术有中医诊法、藏医药、针灸、中医养生、中药炮制技术、同仁堂中医药文化、中医正骨疗法、中医传统制剂方法等。

（10）民俗

民间风俗，即民俗，是指在长期的社会生活和生产实践中，一个民族或社会群体逐步形成的、相对稳定的并代代相传的文化事项。它可以简单地概括为流行的民间习俗、风尚。中国是一个有着悠久的民俗历史和传统的国家。在中国诞生和孕育的各民族中，有着由广大人民群众创造并代代相传的各种民俗文化。在我国非物质文化遗产中，民俗的代表形式和技术有春节、端午节、清明节、七夕节、元宵节、重阳节、中秋节、火把节、傣族泼水节、都江堰放水节、苗族服饰、秦淮灯会（如图1-2-5所示）、农历二十四节气、庙会、羌年、珠算、水乡社戏等。

图1-2-5　南京秦淮灯会

2. 对于国家级名录十大类分类方法的理论分析

通过对"名录"中所包含的十类分类体系的理论分析，我们可以看出它具有以下优点。首先，目录只保留一级类别，没有划分二级类别，对二级类别中易出现的缺漏和不够严谨等问题进行了规避，保证了国家级名录的专业性、权威性、指导性及涵盖性。其次，从"传统技艺"中独立出"杂技与竞技"和"传统医药"，将这二者独立为非物质文化遗产的类别，一方面突出了"杂技与竞技"和"传统医药"在我国的重要地位和意义，突出强调了保护的迫切性；另一方面规避了在实际操作中因为"传统技艺"所包含范围过大而难于操作的问题。尽管如此，《国家级非物质文化遗产名录》中对非物质文化遗产的划分方法依旧不够完善，当前划分的依据主要是从工作需要出发所作的一种尝试和实践，之后还需要根据非物质文化遗产的保护、普查、利用及科学研究的发展不断完善和修正。分类体系从非物质文化遗产概论所采取的非物质文化遗产基础理论研究的视角来看还可以进行以下调整和补充。

第一，作为一项重要的非物质文化遗产，语言是联合国教科文组织《公约》中第2条"定义"所列的五类非物质文化遗产中的第一类，即口头传统和表现形式，包括作为非物质文化遗产媒介的语言中所提到的非物质文化遗产事项。当然，语言也是《中国非物质文化遗产普查手册》制定的《非物质文化遗产普查分类代码表》中所包含的十六类非物质文化遗产中的第一类——民族语言。在所有的非物质文化遗产现象中，语言这种非物质文化遗产具有明显的特殊性，语言的传承者基本上是民族或者一定地域的社会群体，而不是个体，这就导致在非常注重传承人保护的今天，对语言的保护遇到了很多的困难，尤其是对语言的群体传承性更是增加了困难。当前，现代化进程不断加快，人们开始对语言的同一性有了追求，这就导致很多方言及少数民族语言受到了严重的冲击，迅速萎缩。群体对于语言具有自我选择性，因此很难用"保护"的方式制止此类现象的减少。并且，很多语言没有文字只有口语，这增大了消失的风险。面对如此复杂的情况，在现实中还没有找到对濒危语言保护的有效方法和途径。这也就导致了语言在如今的非物质文化保护中没有被重点保护。面对这样的境况并非说在非物质文化保护中语言不重要，也并非没有保护的必要性。语言现象特别是少数民族的语言，某些地区的方言，某些行业、群体和亚群体的特殊语言，不仅是传达非物质文化遗产的媒介，而且其本身就是珍贵的非物质文化遗产。因而，从非物质文化遗产的基本理论研究来看，应该将"语言"作为一种独立的非物质文化遗产的种类来对待。

第二，列入《国家级非物质文化遗产名录》十个类别中的第六个是"杂技与竞技"，该类别在第二批、第三批的名录中修改为"传统体育、游艺与杂技"。对于"杂技与竞技"，我们认为应该进一步进行区分。一是杂技，杂技是一种独立的艺术门类，与舞蹈、音乐、戏曲、曲艺等表演艺术样式相并列，在我国传统艺术体现中是一种重要的表演艺术形式，深受广大人民喜爱，在人们的日常生活和审美中有着重要的地位，是一种雅俗共赏的艺术形式。其他的表演艺术样式已经成为国家级的非物质文化遗产名录中的独立类别,杂技作为与之相并列的艺术形式也应该成为一种独立的类别。二是"竞技"传统体育、游艺,这可以修正为"传统体育、游艺、竞技",在这一类中不仅包含具有一定竞技性的传统体育、武术、游艺、竞技项目,如少林功夫、各种太极拳、各种武术、朝鲜族的跳板、秋千等,还包括一些没有突出竞技性的传统体育、游艺的项目,这类项目主要以修身养性、健身、自娱自乐、表演为主要目的。因此,统一称为"竞技"是不够准确和严谨的,可以修改为"传统体育、游艺、竞技"。

第三,"文化空间"在《国家级非物质文化遗产名录》所划分的非物质文化遗产的十大类别中并不是一个独立的类别和范畴,这也是一个需要弥补的地方。因为"文化空间"不仅在联合国教科文组织颁布的《公约》中作为一个重要的类别,而且在《国务院办公厅关于加强我国非物质文化遗产保护工作的意见》的附件1《国家级非物质文化遗产代表作申报评定暂行办法》中也明确指出了,"文化空间"与各种传统的文化表现形式相关,是一个重要的类别。值得一提的是,从非物质文化遗产的实际存在形态角度来说,"文化空间"是不可或缺的,不能忽略的。综上所述,作为重要的非物质文化遗产现象的"文化空间"必须作为一个重要的类别存在。

实际上严格来说,暂时被归为某类的非物质文化遗产往往超出了其所属的非物质文化遗产的范围。例如,在中国影响深远、内涵丰富的非物质文化遗产少林功夫,其主要表现形式是少林寺僧人演练的武术,作为中国武术的杰出代表之一,从这方面来说,我们可以暂时把少林功夫归入"传统武术、体育、竞技"的范畴。但是少林功夫不仅仅是一种传统的、单纯的武术活动。少林功夫有着1 500多年的历史,产生于嵩山少林寺这种特定的佛教文化环境中,是一种有着丰富内涵的传统文化体系。对于少林功夫来说,它产生的基础是佛教神力信仰,在少林功夫中蕴含着丰富的佛教禅宗的智慧,这种外在的表现形式就是少林寺僧人所演练的武术。因而,对少林功夫的定位,更准确的应该是将其归入"文化空间"这个类别中,因为"文化空间"更具有综合性、涵盖性及整体性。除此之外,对一些重要的节日、民间崇拜、民间信仰的现象,这些非物质文化遗产现象往往与特定的时间和社会历史空间紧密相连,将这些归入"文化空间"中更加合理和准确,也与这些非物质文化遗产现象的本质相符合。

二、非物质文化遗产特征表现

相较于人类的物质文化遗产，非物质文化遗产具有自身的特殊性。对非物质文化遗产的产生时间、产生空间、社会、人文、存在方式进行逻辑分析，同时对专家学者的观点进行参考，可以发现非物质遗产有四个基本特性，即传承恒定性、活态流变性、民族性、地域性。

（一）传承恒定性

传承恒定性主要是指人类以群体、集体、个人的方式世代传承或发展的非物质文化遗产的性质。遗产的本质决定了非物质文化遗产的传承性。人类遗产的本质是后代享用或传承具有价值的人类的遗留，因此所有的人类遗产具有的共同特点就是传承性，非物质文化遗产也是这样。

非物质文化遗产以有形的物质为载体存在和传承。对于非物质文化遗产来说，这特殊的物质载体就是人，通过人才能传承和呈现，非物质文化遗产的传承方式是无形的、抽象的，主要是通过人的精神交流进行口传心授，如身体语言、口述语言、心理积淀、观念等。对于非物质文化遗产的传承者来说，承担着传承的责任，因此需要掌握与之有关的知识、技能及观念。传承者需要掌握的观念、知识、技能这些本身就是非物质文化遗产中的重要组成部分，与非物质文化遗产密切相关。纵观历史，非物质文化遗产的传承和发展主要依靠代代相传，如果传承活动停止也就意味着非物质文化遗产的灭绝。非物质文化遗产的传承有着鲜明的民族性和家庭传承性，对于传承人的选择与确定主要取决于入选者的亲密关系和对其保密性的认可。前辈通过亲自传授、语言教育等方式将非物质文化遗产中的技能、技巧、技艺传递给下一代，在这种情况下，才能保存传承非物质文化遗产，非物质文化遗产因为这些传承活动的永不停止成为历史活的见证。

比如，北京智化寺京音乐，又名"京音乐"，京音乐起源于明代的宫廷礼仪音乐，是我国保存完好的、唯一一种按代传袭的古乐乐种。据说，明朝的太监王振私自将宫廷音乐的工尺谱转移到了庙里，加之配上唐朝的古谱，由寺院里的艺僧练习演奏，经过不断发展成为集宫廷音乐、民间音乐、佛教音乐于一身的"京音乐"。京音乐一直以来在寺院这个地方进行传承，长时期的封闭演练使其成为与世隔绝的乐种，在一代代口传心授的古老传承方式中延绵了将近560年。其与开封大相国寺音乐、西安城隍庙鼓乐、福建南音、五台山青黄庙音乐，是我国现存的最古老的五种古乐。京音乐一直有着严格的师承关系，保留了乐曲最原始的古老风貌，不管是演奏的姿势还是演奏的技巧都非常的严谨，甚至在乐谱的传承方面也是严谨的。传承至今的京音乐有古谱十余部，600余首曲牌刊载其中，并且有明确纪年的工尺谱本，有独具特色的曲牌、乐器、词牌，有代代传承的演奏僧人。在京音乐中还有很多宋代的古乐，甚至也能发现隋唐燕乐的遗音，这在国内外都非常的罕见，是真实的、完整的、正宗的古代音乐资料。

（二）活态流变性

非物质文化遗产可以通过传承者有意识地学习，另一方认真地教学，或者普通人自发地学习，将非物质文化遗产传播到其他国家、其他民族、其他地区。在这样的非物质文化传播中呈现出活态流变的性质，这就使得非物质文化遗产得以共享，这也是与物质文化遗产不同的地方之一。总体来说，主要是通过复制的手段来实现物质文化遗产的传承，但相对来说，非物质文化传承是活态流变的，在一致与差异、继承与变异的辩证结合之中获得传承。在非物质文化遗产的传播过程中，会与当地的民族特色、历史文化、风俗习惯相互交融，展现出继承与发展并存的局面。

要注意的是，虽然非物质文化遗产在传播的过程中有变化、有发展，但仍然具有恒常性或基本一致性，如果完全不同，就会失去了其本身的特性。例如，端午节起源于中国，之后，在中外文化交流中传入韩国，韩国并没有完全沿袭我国的习俗，而是融入了韩国自己国家的许多民族特色、风俗习惯、文化传统，端午节的内涵在韩国进行了丰富和发展。与之类似的是越南的宫廷音乐"雅乐"和韩国的"宫廷宗庙祭祀礼乐"，二者都是联合国教科文组织公布的世界性非物质遗产代表项目，这两个项目都是从中国宫廷流出并发展起来的音乐形式，虽然与中国的宫廷文化相似但是也存在很大不同，在传播中与当地的文化进行了融合，在不断发展变化中形成当前具有鲜明民族特点和历史文化特色的非物质文化遗产项目。

非物质文化遗产重视人的价值，重视活的动态的精神的因素，重视技术和技能的高超、精湛及独创性，重视人的创造力，以及通过非物质文化遗产所反映出来的该民族的情感及表达方式、传统文化的根源、智慧、思维方式和世界观、价值观、审美观等。非物质文化遗产虽然有物质的因素、物质的载体，但其价值并非主要通过物质形态体现出来，它属于人类行为活动的范畴，有的需要借助行动才能展示出来，有的需要通过某种高超、精湛的技艺才能被呈现和传承。非物质文化遗产的表现和传承都需要语言和行为，都是动态的过程。对于具体的非物质文化遗产类型来说，传统音乐、舞蹈、戏剧等表演艺术类型都是在动态的表现中完成的；图腾崇拜、巫术、民俗、节庆等仪式的表现也是动态的过程；器物、器具的制作技艺也是在动态的过程中得以表现的。总之，特定的价值观、生存形态及变化品格，造就了非物质文化的活态流变特性。

（三）民族性

所谓的民族性主要是指非物质文化遗产是某个民族特有的，蕴含着该民族特有的智慧、思维方式、价值观、世界观、情感表达、审美意识等因素，深深地打上了此民族的烙印。特定民族的特性体现在形式到内容的各个方面。一是形式上，受到自然环境的影响，民族的人种（包括形体、肤色等）、饮食、服饰、语言、生产方式、风俗等有很大的不同；二是在内容上来看，从更深层的民族特性角度来说，价值观、世界观、思维方式、信仰、宗教观、民族的文化、审美趣味、心理结构、民族认同、生活方式等，这些因素是长期以来逐渐形成的，具有很强的稳定性，外化于日常生活的各个方面。因此，我们可以看出非物质文化遗产不管是在形式上还是内容上都有着鲜明的民族特性。

我国的古琴艺术在2003年入选联合国教科文组织认定的世界人类口头和非物质遗产代表作，其中中国古琴的民族性是其重要价值。古琴是中国最早的弹弦乐器，一直位于"琴棋书画"之首，蕴含着鲜明的民族特色，是中华传统文化的瑰宝。古琴演奏形式有两种：琴歌和独奏。根据史料记载，在先秦时期的古琴主要流行于士以上的阶层，用于宗庙祭祀、典礼、朝会等雅乐，在秦朝之后开始在民间流行。早在《尚书》中就有记载，声乐用琴伴奏的形式，写道"搏拊琴瑟以咏"。在春秋战国时期，古琴的独奏音乐就有了一定的艺术表现力，如传说伯牙弹琴，子期善听。已经载入史册的当时著名的琴曲有《高山》《流水》《阳春》《雉朝飞》《白雪》等。

中国有着众多的音乐形式，可以说古琴是当之无愧的在音乐上体现儒道两家思想的集大成者。在古琴简单、低缓、沉静的琴声中，琴师从浮躁到安静，然后忘记了事与物，达到物我两忘，"致乐以治心……乐则安，安则久"（《礼记·乐记》）、"独坐幽篁里，弹琴复长啸"（《竹里馆》）。古琴艺术备受欢迎的原因，除与"琴德最优"有关外，还与古琴自身的音乐特质有关，古琴音乐可以顺乎自然，与中华传统文化中崇尚内在、追求意境、寓意含蓄的特征不谋而合，蕴含着中华民族的精神内核，展现了古人修身教化的美德，这也成为精神升华、人格修养的重要途径和手段。

从古琴艺术入选世界人类口头和非物质遗产代表作看，古琴艺术不管是在表现方式上还是在表现内容上都具有很强的民族性，蕴含着鲜明的中国传统文化特色，这是其存在的重要意义。

（四）地域性

所谓的地域性指的是非物质文化遗产产生、发展、流传在一定的区域，也可以指同一种非物质遗产在不同地区的不同演变过程。在很多情况下，非物质文化遗产与当地的风俗习惯紧密相连，是一种典型的区域性的习惯或与生活有关的活动。正因如此，非物质文化遗产的特点和传承取决于地方区域的环境和文化。非物质文化遗产的民族性通过地域性得到了进一步的强化。

非物质文化遗产是从各个时代不断传承并逐步演变而来的，必然与其生存的地域有着密切的联系。对于同样一种非物质文化遗产，在不同的文化下有不同的特点，当非物质文化遗产传播到不同的地区和种族时，就会发生变化和发展，这就使得非物质文化遗产深深地打上地域的烙印。

端午节是中国汉族人民纪念屈原的传统节日，为了表达对高尚爱国的楚大夫屈原的追思，主要习俗是吃粽子和赛龙舟。但是因为地域的不同，节日的内涵也有所区别，如端午节在东吴一带不是用来纪念屈原的，而是纪念吴国大臣伍子胥在五月五日被投入大江。在老北京的民俗中，春节、中秋节、端午节被称为"三大节"，在端午节这一天皇帝可以不上朝，百姓祭祀祖先先贤，朋友可以外出聚会，妇女可以带孩子回娘家，整个城市处于热闹的欢庆节日的氛围之中。在老北京的传统中，端午节是禁止打井水的，一般在节前就打好井水，据说，这样做是为了避免"井毒",人们会在家里挂艾草、红灯和五彩线。与之不同的是在南京,端午节的时候家家户户都会在一盆清水中,加入一点雄黄、两枚鹅眼钱,全家人用这种水洗眼睛,这叫"破火眼",这样可以保证一年没有眼病。每个地区独特的环境和风俗习惯,决定了这个地区的文化特色。

第三节 非物质文化遗产的价值

一、非物质文化遗产的基本价值

非物质文化遗产是一个国家、一个民族、一个地区在深厚的传统文化中,在悠久的历史发展中所遗留、保存下来的遗产,是了解一段历史、一种文化、一个民族、一个地区的生动的方式和手段。非物质文化遗产是由特定的种族、民族、历史阶段、地域范围的人民世世代代传承下来的,生动形象地展现了该地区的特定人群的生产生活习惯、风俗习惯、精神面貌、伦理观念,充分反映了当时的自然环境、社会形态、宗教信仰、人际关系等方方面面的状况,是在特定的历史时期产生的人类社会的遗存,有着丰富多彩的文化内容,是历史的产物。非物质文化遗产产生于人类社会生活的特定的时空关系中,对历代文化的变迁进行了反映,非物质文化遗产在多年来传承下来,已经成为传统和现代生活的真实、完整、鲜活、流动的见证者,具有不可替代的文化、历史、精神价值。

非物质文化遗产蕴含着丰富的文化、历史和精神遗产价值。非物质文化遗产属于遗产的一种,因此它具有历史价值,是历代流传下来的历史财富。非物质文化遗产强调文化遗产的名称,这就是在强调其所蕴含的丰富的文化内涵、文化资源,强调其所具有的文化价值和精神上的传承价值。我们可以从非物质文化遗产蕴含着丰富的文化、历史和精神遗产价值中了解历史,这是一部活的历史。以生动的形式认识人类文明,能够充分发挥它在传承民族精神中的作用和价值。

非物质文化遗产的基本价值由历史价值、文化价值、精神价值构成,这些价值是非物质文化遗产最深层、最基本、最核心、最普遍的价值。在任何时代的非物质文化遗产,不管是哪个民族、哪个群体都具有这些价值和作用。

（一）非物质文化遗产的历史价值

非物质文化遗产本身蕴含着丰富的历史，是历代流传下来的历史瑰宝。我们可以通过非物质文化遗产这种生动的、活态的方式学习历史。非物质文化遗产的历史价值主要体现在以下方面。

无论是什么样的非物质文化遗产，都产生于特定的历史条件和特定时代。我们可以通过这些非物质文化遗产对特定历史时期的生产发展水平、生活方式、道德习俗、社会组织结构、思想禁忌、人际关系等有所了解。例如，著名昆曲《牡丹亭》，在其中，我们可以窥见当时人们的婚姻关系，了解封建礼教对年轻人的控制和约束，明确当时的家庭结构，了解当时论资排辈与长幼尊卑的人际关系，从中体会鲜活的历史。再举一个例子，通过了解和认识井盐生产工艺和技术，我们可以体会到祖先的智慧，明确当时的生产力发展水平和技术发展状况，在深入了解井盐生产和制作者的手艺传承后，感知当时他们的社会地位和作用，明确当时社会的竞技状况、社会关系。换句话说，非物质文化遗产可以为我们提供当时的历史资料，具有鲜明的史料价值。

从非物质文化遗产的根源上来讲，其是"一种集团或个人的创造，面向该集团并世代流传，它反映了这个团体的期望，是代表这个团体文化和社会个性的恰当的表达形式"[①]。可见，非物质文化遗产可以对人民群众的集体生活进行反映，是人类文化活动长期传承的结果，因此具有不可替代的历史价值。需要指出的是，上述定义尽管是针对当时的民族民间文学，但在一定程度上民间文学是非物质文化遗产的重要组成部分，非物质文化遗产也具有民族民间文学的某些特点。民族民间文学是非物质文化遗产的重要组成之一，起源于世世代代人们的口头创作，在广大人民群众中获得广泛的口耳相传，体现了人民大众的生产生活、精神面貌、思想情感、文化习俗。其中，部分民间文学作品直接来源于古代的神话传说、歌词、歌谣、谚语，成为远古的神话传说流传至今的宝贵财富。民俗文化是非物质文化遗产中的重要部分，是广大民众创作出的成果，是智慧的结晶，真实地反映了民族精神，是珍贵的文化遗产和精神财富，是本民族继续传承独特文化的精神家园。因此，它们都蕴含着丰富的历史价值。

---

① 中芬民间文学联合考察及学术交流秘书处. 中芬民间文学搜集保管学术研讨会文集[M]. 北京：中国民间文艺出版社，1987.

就历史价值而言，非物质文化遗产的存在形式是民间的、质朴的、口传的、活态的形式，可以对正史和其他典籍、史籍的不足和遗漏之处进行弥补，帮助人们还原更全面、最真实的历史和文化，让人们更接近原始的地方，了解过去的历史，感知文化底蕴。从这个角度来看，非物质文化遗产完全可以称得上是活态的历史。

非物质文化遗产积淀了不同历史时代的精华，保留了最集中的民族特色，是民族灵魂的重要组成部分，是民族历史的活的传承，具有划时代意义。非物质文化遗产可以对民族的世界感进行真实的反映，可以对民族的生产状况进行真实的展现，可以反映一个民族最为真实的行为模式和群体心态，也可以帮助我们了解当时社会的整体风貌和特色。总而言之，非物质文化遗产是活的历史，它以直观、生动、活态形式为人们了解历史提供了条件，具有重要的历史价值。

（二）非物质文化遗产的文化价值

非物质文化遗产包含丰富的文化资源，鲜活生动地记录了不同民族、种群的聪明才智结晶、天才创造成果，是认识这些民族、种群文化史的活化石，是巨大的文化财富，极其珍贵。非物质文化遗产的文化价值主要表现如下。

非物质文化遗产是文化的活化石，有着鲜活的生命力，原生态的文化基因蕴含其中。保护和开发非物质文化遗产，将有助于在全社会树立文化意识，形成文化自觉，有利于传承和延续文化，有利于建设和规划文化生态。

世界上每个民族的非物质文化遗产都蕴含着本民族传统文化的精华，真实地反映了民族的文化身份和民族特色，展现了该民族独有的审美风格、审美方式、思维方式、发展模式，可以从中窥见该民族文化发展的独特轨迹和历程，蕴含着鲜明的文化价值。纵观社会发展的过程，实际上就是文化积淀的过程。不同民族、不同地域存在和发展的源泉和标志就是世世代代积淀下来的文化。众所周知，不同的民族、不同的地区有着不同的文化形式、文化模式、文化观念、文化标准，因此不同民族和地区的非物质文化遗产也是不同的、多种多样的，正因为如此，才使得世界人类文化呈现出多姿多彩的丰富性、多样性。与此同时，在不同民族的交往过程中非物质文化遗产之间相互渗透、碰撞、融合、交叉，形成"和而不同"局面，文化的特异性与文化的适应性并存。人类文化特性的重要内容之一就是文化所具有的多样性，这也是非物质文化遗产中文化价值的重要体现。就如同世界存在和发展的前提是生物的多样性，世界文明和人类社会发展的重要前提是文化的多样性。由于不同的民族和群体都有自己独特的文化，在保存、维护、促进文化多样性方面非物质文化遗产发挥着重要的作用，从而加强了其本重要的文化价值。

首先，每个民族和每个群体的文化都有着不同于其他民族的独特创造力和独特价值，是不可复制、不可替代的独立体系，是具有独特价值的独特文化传统。这也是非物质文化遗产为何具有文化多样性的根本原因。因此，对非物质文化遗产的保护，就是对文化多样性的保护，促进了人类社会和文化的发展。其次，人类文化所具有的多样性也促进了非物质文化遗产的发展和丰富。联合国教科文组织《世界文化多样性宣言》指出："文化在不同的时代和不同的地方具有各种不同的表现形式。这种多样性的具体表现是构成人类的各群体和各社会的特性所具有的独特性和多样化。文化多样性是交流、革新和创作的源泉，对人类来讲就像生物多样性对维持生物平衡那样必不可少。从这个意义上讲，文化多样性是人类的共同遗产，应当从当代人和子孙后代的利益予以承认和肯定。"此外，对文化多样性的保护还体现在以下意义上，"文化多样性增加了每个人的选择机会；它是发展的源泉之一，它不仅是促进经济增长的因素，而且还是享有令人满意的智力、情感、道德精神生活的手段。"《世界文化多样性宣言》中还强调了保持文化的多样性有利于文化的发展与创新，"每项创作都来源于有关的文化传统，但也在同其他文化传统的交流中得到充分的发展。因此，各种形式的文化遗产都应当作为人类的经历和期望的见证得到保护、开发利用和代代相传，以支持各种创作和建立各种文化之间的真正对话。"因此，文化的多样性是非物质文化遗产的文化价值的重要组成部分和重要方面，具有重要的地位和作用。

与其他文化领域一致，当前的非物质文化遗产也面临着丧失文化多样性的威胁，不容忽视的是，迄今为止，很多人对于文化多样性的重要性、文化多样性消失的严重程度并不了解，也没有深刻的认识，甚至很多人还没有意识到，如果文化多样性受到严重破坏，千百年来无数代人积累和传承下来的人类文化、非物质文化遗产、人类精神世界、丰富的精神生活将遭受严重的破坏和损失。对此，我们必须保护、传承非物质文化遗产，重视其所蕴含的文化价值，在全球化的大环境下保持文化的本土化、多样性、民族化。联合国教科文组织在《世界文化多样性宣言》中明确指出，人类文化是某个社会或某个社会群体特有的精神与物质，智力与情感方面的不同特点之总和；除了文学和艺术，文化还包括生活方式、共处的方式、价值观体系、传统和信仰等，在非物质文化遗产中或多或少或显或隐地表现了文化的特性。对于非物质文化遗产的保护，就是在保护不同民族的文化特性，保护世界文化的多样性。

（三）非物质文化遗产的精神价值

非物质文化遗产承载着丰富的历史文化，是民族的情感依托、精神家园、生命动力，是民族文化发展的不竭动力和民族文化复兴的源泉，有着重要的价值，对于传承民族精神起到了重要作用。非物质文化遗产所具有的精神价值主要体现在以下方面。

非物质文化遗产蕴含着特定民族的精神特质和文化基因。这些维系着民族血脉，但又塑造和延续了民族的生活态度和社会行为，形成民族独特的精神遗产。民族精神产生于长期的社会实践和生产劳动之中，是在不断积累中发展起来的经验和智慧，是一种具有强大凝聚力和号召力的民族意识，同时也是一代又一代沉积下来的民族精髓和文化观念，包括民族价值观、气质情感、心理结构等在内的群体意识、精神，是民族文化的本质和核心，是民族的灵魂所在。对此，非物质文化遗产作为一种活态的文化遗产，保留了具有鲜明地域特色的民族文化，传承了民族文化的精髓和民族精神，使民族文化在多元文化世界中以其独特性获得了世界的认可。一些非物质文化遗产虽然不再具有原有的地位和作用，但作为民族形成过程的历史见证和民族精神、感情的珍贵活态遗存，在今天仍具有重要意义，与民族的生存和发展有着密切的联系，其所具有的意义和价值不会因为时间发生改变。由于非物质文化遗产所具有的丰富历史内涵，保护和传承非物质文化遗产就是保护好民族文化的精髓，我们应该传承其中所蕴含的重要精神价值。非物质文化遗产非常珍贵，其中蕴含的民族精神是重要的无形资产，是重要的精神价值。各民族后来者不仅要探索和重视这些无形资产，还要通过自身努力进一步提高这些无形资产的含金量。

人与动物是不同的，人类有着丰富的情感和高尚的精神，尽管精神是无形的，但是体现了人格的力量，彰显了独特的气质。对于民族来说，精神支撑着民族的生存，是民族特性的重要标志。民族的灵魂和精髓是民族精神，是维系一个民族生存和发展的精神支柱和重要信念。人文精神是人类高度发达的标志，以不同民族文化的形式进行传承，与大的民族文化环境和氛围是分不开的。人文精神、民族精神不可能通过自然遗传来进行延续，只有在民族精神和社会文化的大环境和氛围中，在与人交往、后天的教育、代际传递、研习中，不断得到继承和发展。民族精神"像血液，像一个民族的灵魂，它流淌在民族的血脉中，主宰着民族的生存、走向与特征……具有历史延续性……不会轻易发生质变"[1]。对此，每个民族必须完成的任务就是保证民族精神及民族特性的代代相传，对于非物质文化遗产的保护和传承正是唤醒人们民族精神的重要途径和方法。非物质文化遗产是保护和传承人类文化的活态存在，可以将民族精神传递到每代人、每个人之中，进而塑造和影响一个有着崇高民族精神和良好文化修养的伟大民族。

民族精神不仅有地域特色，而且具有人类文化的共性。民族精神扎根于民族的历史发展之中，是一个民族世代传承的智慧结晶，是一个具有时代性、历史性、地域性的文化综合体。不管是哪个民族和地域文化，都有正面的作用，需要进行继承和创新，同时也具有局限性，还需要不断改进和提升。文明时代以来的社会发展中，尤其是在当今全球经济一体化的发展浪潮中，如何有效地进行民族文化与民族精神的传承与发展，是每一个民族都要面对的一个重大的、不可回避的、生死攸关的问题，因为人类文明史范围内的进化更主要的是文化上的遗传与变异。正是通过每一个民族富有自身特色、具有文化特性地对民族精神的传承，才形成人类大家庭中各民族文化竞放异彩、百花争艳的局面，才构成世界文化的多样性和多元化格局，为人类文明提供了相对丰富的选择机会和发展的可能性。

中国的非物质文化遗产呈现出形式多样、丰富多彩的特点，是中华民族宝贵的精神财富，有着很高的精神价值。不同的民族有着不同的民族文化传统，非物质文化遗产则很好地体现了民族本身所具有的生产生活方式、文化习俗及心理模式等，是民族精神的外化和载体。比如，中华民族就有舍生取义、大公无私、崇尚和谐、诚信待人、与人为善、尊老爱幼、不骄不馁、自强不息的美德，同时还提倡万众一心、众志成城、同仇敌忾的集体主义、爱国主义的优良传统和崇高精神。这些高尚的精神品质和民族精神不断转化为民族的凝聚力、亲和力、向心力、

---

[1] 中共中央宣传部. "三个代表"重要思想学习纲要[M]. 北京：学习出版社，2003.

感染力,是维系民族生存和发展的重要纽带。这些民族精神融于民族的血脉之中,养育着一代又一代的中华儿女。故而,保护和传承非物质文化遗产可以对民族精神进行全面深入的认识和了解,明确精神价值,对丰富的民族精神资源进行激活,对民族精神进行传承和发扬,不断巩固和加深民族的根基。

总而言之,非物质文化遗产一方面真实地记录和反映了民族、地域的人文、自然和社会的发展状况,蕴含着重要的历史价值、文化价值和精神价值,有利于提高民族文化素质、培养民族精神。另一方面,非物质文化遗产是一种无形的遗产,是一种不可再生的重要文化资源。在工业社会之前的社会历史上,对于非物质文化遗产的传承主要是通过口传心授、言传身教来完成的,很少或者很难用文字来进行记录,这就使得非物质文化遗产的传承有很强的人为性、经验性。经过时间和历史的洗礼,至今依旧存在的非物质文化遗产具有鲜明的时代印记和历史痕迹,浓缩了民族文化的精华,是文化的精品。"传承的经验性、浓缩的民族性"[①]这一特点使得非物质文化遗产非常容易中断也非常的珍贵,充分体现了非物质文化遗产所具有的重要历史价值、文化价值及精神价值。对此,对于非物质文化遗产的保护和传承必须加大力度,尽最大努力保护这些活态的、宝贵的文化遗产,将其完整的传给后世,充分发挥非物质文化遗产所具有的深厚的、生动的历史价值、文化价值和精神价值。

二、非物质文化遗产的重要时代价值

非物质文化遗产一直存在,但是关于非物质文化遗产的概念是最近一些年才开始提出的概念,也是近些年人们才开始重视非物质文化遗产。从1997年联合国教科文组织发起"人类口头和非物质遗产代表作"活动开始计算到如今也才短短的十几年而已。为何最近这些年人们才开始重视这些古老的非物质文化遗产呢?这主要是因为非物质文化遗产的传承在慢慢消失,同时人类所生存的自然和社会环境发生了翻天覆地的变化,随着经济全球化的发展,社会朝着信息化和现代化的方向不断发展,这就导致人们的生产生活方式发生了巨大的变化,人类社会由农业社会、工业社会进入后工业社会、信息社会。农家小院和晨鸡报晓在面对城市化、机械钟、电子钟时失去了生存的条件;人力的农耕技艺、手工生产面

[①] 王宁. 非物质遗产的界定及其价值[J]. 学术界, 2002(4): 51-54.

对现代化的机械失去了存在的条件；民间游艺活动、民间戏曲及表演的场所在电影、电视面前遭受了巨大的冲击；说书艺人等民间艺人在面对漂亮、时尚的歌星影星时失去了赖以生存的空间。总之，依靠耳濡目染就可以传承的大量非物质文化遗产在人类社会由生产型社会向消费型社会转型的过程中，逐渐失去了自然传承所需的社会环境和基础。如果对非物质文化遗产不重视，不及时给予保护和传承，那么就很有可能失传。在社会巨变的大环境下，非物质文化遗产越来越受到人们的重视和关注。

因此，在当今这样一个商业化、市场化、全球化、信息化的时代，在对非物质文化遗产进行价值探讨时，必然会考虑到其所具有的时代价值，最为突出的是教育价值和经济价值。大量非物质文化遗产处于信息化、多媒体化的时代，只有发挥其教育价值才不会因为失去自然传承的社会环境而失传或消失。在面对商业化、市场化的消费型社会，只有对非物质文化遗产进行合理、正确的开发，发挥其经济价值，才能使非物质文化遗产及其传承人保持自我传承、自我延续、自我发展的能力和条件。换句话说，对非物质文化遗产的教育价值和经济价值等时代价值的重视可以对非物质文化遗产的保护和传承起到很好的作用和功效。

（一）非物质文化遗产的教育价值

非物质文化遗产所具有的教育价值主要体现在意象方面。首先，非物质文化遗产中蕴含着丰富的历史知识、文化知识、科学知识，并且包含着具有审美价值的艺术精品，这些可以用来进行个体教育、学校教育、社会教育。其次，非物质文化遗产教育只有成为教育的重要领域和组成部分，才能使得教育成为保护和传承非物质文化遗产的重要路径。这就要求学校设置与非物质文化遗产相关的课程，使学生不断了解和认识非物质文化遗产的价值和重要性，与此同时培养专门的人才对非物质文化遗产进行保护、研究、传承、开发、管理。最后，对于非物质文化遗产的价值和重要性需要在社会上进行广泛宣传，营造保护、重视、传承非物质文化遗产的社会氛围，教育教学的加入可以很好地帮助非物质文化遗产得到保护和传承。对此，为了进一步发挥非物质文化遗产的教育价值，《中华人民共和国非物质文化遗产法》第四章第三十四条规定："学校应当按照国务院教育主管部门的规定，开展相关的非物质文化遗产教育。"

非物质文化遗产本身涵盖了各方面的知识内容，是教育资源的重要来源；非物质文化遗产传承人众多，有大量独特的技艺可以传授，这也成为教育活动的重要内容和方面。传承者传授其独特的有价值技能的过程也是一次教育活动的过程，学生或接受者在接受知识和技能的进程也是一次学习活动的进程；学校和社会上讲授非物质文化遗产的专家学者众多，这也从侧面表明了非物质文化遗产的教育价值。

非物质文化遗产的教育价值体现在以下方面：一是对未受重视、鲜为人知的非物质文化进行整理，挖掘和传承，让这些宝贵的文化财产为人类所共有；二是充分挖掘和发挥非物质文化遗产的重要价值，对非物质文化遗产进行全方面、立体化、多学科、多侧面、多角度的研究，充分展现其独有的魅力和文化底蕴，对其赋予应有的科学尊严和学术地位；三是发挥其对民众的教育价值，使广大师生对非物质文化遗产的地位、价值及重要性有正确的认识，帮助学生树立正确的非物质文化遗产价值观。

为了充分利用和发挥非物质文化遗产的教育价值，非物质文化遗产教育及其保护工作应在学校教育和社会教育中广泛开展。开展非物质文化遗产教育具有重要的作用，可以使全社会充分认识到非物质文化遗产的价值和重要性，形成全社会保护和传承非物质文化遗产的良好社会氛围，具有十分重要的意义。只有这样，我们才能培养出在保护、研究、继承、管理和开发非物质文化遗产方面的专门的合格人才。然而，目前的情况不容乐观。第一，个体教育中的非物质文化遗产教育不足。由于许多年轻人在城市工作，面对丰富繁杂的现代物质文化，对于民族传统文化并不感兴趣，很多非物质文化遗产老艺人掌握着民间艺术和技能但是找不到学徒，面临着独特技艺失传的风险。第二，非物质文化遗产的社会教育不达标，势头不强，范围不广，影响不深。第三，学校教育也没有达到非物质文化遗产所需要的教育程度。分析非物质文化遗产在学校教育中的异常情况，主要原因在于"教育领域对非物质文化遗产缺乏重视和价值认知，教育和文化遗产保护、传承脱节。大学中非物质文化遗产相关学科极度缺乏，教育不能培养提供文化遗产所需社会人才"[①]。对此，全社会应形成保护、重视、传承非物质文化遗产的意识与氛围，并将其引入学校教育中，在学校教育中可以设立与之相关的课程、专业、院系。各级各类学校可以开设与非物质文化遗产有关的课程，设置相关的专

---

① 乔晓光. 活态文化 [M]. 太原：山西人民出版社，2004.

业并且招生，在学校教育中引入民间艺术与文化，培养一批各种类型、各种层次的保护、传承、发展、研究、管理非物质文化遗产的人才。学校要成为文化遗产的学习场所，成为民族文化遗产传承、开发、创造的主体，成为文化资源可持续发展的重要基地。

令人欣慰的是，在非物质文化遗产的学校教育特别是大学教育方面，随着我国保护和重视非遗热潮的兴起，学校特别是高校在非遗保护和教育方面迈出了重要的步伐。非物质文化遗产教育在教育体系中的开端标志是2002年10月由中央美术学院等多家单位共同发起和举办的"中国高等院校首届非物质文化遗产教育教学研讨会"，以及在研讨会上通过的《非物质文化遗产教育宣言》。这是"新中国成立以来第一次中国非物质文化遗产教育传承实施的动员大会，是非物质文化遗产整体进入中国教育体系的开端，会议具有重要的历史文化意义和开拓性的教育创新价值。会议从人类文化遗产与可持续发展的高度，将中国多民族传承的非物质文化遗产提到了中国教育的议事日程上来，呼吁当代教育肩负起民族、民间文化遗产传承，民族文化创新发展的历史使命和应尽职责。会议确立了教育作为非物质文化遗产传承的重要作用以及高校作为信息与智能的集聚地在文化遗产方面的巨大潜力和发展前景"[1]。

（二）非物质文化遗产的经济价值

非物质文化遗产要想获得长久的、可持续的传承和保护，需要将其中的文化资源转化为经济资源，转化为文化生产力，只有经济效益提高了才能有积极的、长久的保护和传承。比如，可以开发和利用非物质文化遗产中的传统民族民间文化资源，使之成为促进经济发展的手段和方法。非物质文化遗产不仅需要保护还需要发展，用发展带动保护，以保护带动发展。换句话说，对于非物质文化遗产的开发和保护，不仅要遵循保护第一、合理利用的原则，也要对市场经济的问题高度重视，加大对非物质文化遗产中的经济价值的开发。对于非物质文化遗产而言，其经济价值是有条件的、有限制的，具体如下。

第一，遗产价值，保证非物质文化遗产能够生存而不消失是其得以继承和发展、保护的前提，是根本因素。第二，经济价值，这个实现的前提是非物质文化

---

[1] 乔晓光. 交流与协作：中国高等院校首届非物质文化遗产教育教学研讨会文集[M]. 北京：西苑出版社，2003.

遗产得以生产。这里所指的经济价值不仅仅指的是非物质文化遗产的经济收入，如产品的销售收入、纪念品、门票、培训费等，也包含由此带来的餐饮业、旅游等服务业所创造的相关联的经济收入。从遗产价值与经济价值这二者的关系来看，遗产价值越大，潜在的经济价值就越高，因为非物质文化遗产经济价值取决于它的遗产价值和文化内容。因而，追求非物质文化遗产的经济价值的前提是非物质文化的传承、保护和发展，对于非物质文化遗产我们必须遵循"保护第一、合理利用"的根本原则。

与此同时，要不断解放思想，使经济建设为文化保护创造更好的条件，使经济价值与文化保护这二者形成良性循环。总而言之，经济开发与文化保护，是相辅相成的、相互连接的。经济的开发可以促进非物质文化遗产所在地的经济，增加财政收入，之后才能将更多的人力物力投入对非物质文化遗产的保护工作之中，对非物质文化遗产进行宣传的同时可以为传承者提供良好的保护与传承的环境与条件，为其提供更好的生活，使之没有后顾之忧。非物质文化遗产保护得好会增加遗产所在地的知名度，这样可以更好地促进当地经济的发展，创造更多的收益。当前，非物质文化遗产保护工作可以尝试走文化保护与经济建设的良性循环互动的发展道路。在较早重视非物质文化遗产保护的国家中，一些发达国家实际上已经认识到"无论是有形文化遗产，还是无形文化遗产，都应该在确保文化遗产不被破坏的前提下，尽可能进入市场，并通过切实可行的市场运作，完成对文化遗产的保护及其潜能的开发"[①]，并且在这条道路上有了很多宝贵的经验和成绩。日本、韩国积极发掘本国民间文化资源，保护和恢复传统礼仪、节庆仪式，这吸引了大量的国内外游客，创造了大量与之有关的经济收入。芬兰、瑞士、英国等欧洲国家对于本国的民族文化也十分重视，为保护和传承民族文化提供了极好的条件，不管是出于对文化生态的保护与维护、保护文化的多样性角度来说，还是从独具特色的民族地区可以带来巨大的经济效益角度来考虑，都十分重视对于传统民族文化的保护。由此可见，只有秉持正确的观念，采取恰当的措施，就可以对非物质文化遗产进行保护和传承，使经济和文化有效融合在一起，在保证非物质文化遗产文化价值得以实现和保护的前提下，发展其经济价值，转化为经济效益，为更好地传承和保护非物质文化遗产提供更多的资金和更好的条件。

---

① 顾军. 文化遗产报告：世界文化遗产保护运动的理论与实践 [M]. 北京：社会科学文献出版社，2005.

第二章　中外国家的非物质文化遗产保护

本章主要讲述了中外非物质遗产保护的现状，主要从具体以下两方面进行论述，分别为国外非物质文化遗产的保护和中国非物质文化遗产的保护。

第一节　国外非物质文化遗产的保护

对非物质文化遗产保护的研究是一个全球范围内的挑战。18世纪，国外学者就已经开始研究非物质文化遗产的保护问题了，并形成了一套非常有效的保护非物质文化遗产的制度和方法。尤其是日本、韩国和美国等国家在保护非物质文化遗产领域做出了卓越的贡献，有许多宝贵的经验值得我国学习和借鉴。

一、国外非物质文化遗产保护理论研究

国外已经进行了几个世纪的非物质文化遗产理论研究，主要是对非物质文化遗产的概念、保护框架的制定和建议、反思的建议、数字保护和遗产评估等研究领域进行了深入的研究和探讨，并取得了一定的研究成果。总而言之，国外对于非物质文化遗产保护的理论研究经历了四个阶段，具体如下。

（一）萌芽期

1790年法国国民议会创建非物质文化遗产保护机构以来，国外文化遗产的保护工作已经开展了200多年。20世纪90年代之前，属于非遗领域研究的萌芽期，联合国教科文组织成立了世界遗产委员会。1972年，《保护世界文化和自然遗产公约》和《世界遗产名录》相继被制定，该公约首次对世界遗产的定义进行了规定和划分。

（二）探索期

从20世纪90年代到21世纪初，非遗保护工作的主要内容是对非物质文化遗产的意义进行界定、反思和建议性的研究。珍妮特·布莱克（Janet Blake）主要对文化遗产的定义进行了研究，从国际遗产法的视角为非物质文化遗产的本质和范围研究提供了理论基础，并且建立了一个较为系统，且具有历史性和逻辑性的概念体系。道森·穆涅里（Dawson Munjeri）深入阐述了物质文化遗产与非物质文化遗产概念和意义之间的区别，并讨论了它们之间的联系。非物质文化遗产的定义也在这个时期得到了修正和完善，主要是因为各国学者在非遗领域的深入研究。此时，世界各国对非物质文化遗产保护工作的重视达到了顶峰，但在工作过程中不可避免地出现了实施的障碍和效度性的问题，一些学者因此对相关问题展开了反思和探讨。例如，理查德·库伦（Richard Kurin）讨论了2003年联合国保护非物质文化遗产公约实施过程中的缺陷和障碍等问题；斯蒂芬·布鲁土（Stephen.Brush）根据非遗保护工作的开展现状提出了一系列的保障措施，并分析了其可持续性的问题；文登·温德兰（Wend Wendland）研究了非物质文化遗产与知识产权之间的关系，以及未来可能结合研究的领域。非物质文化遗产学者针对非遗保护涉及知识产权、文化权利等领域的特点，提出了问题的相关对策和非遗保护的意见建议。

（三）发展期

2005年至2015年的十年时间中，随着世界各国非物质文化遗产保护法规的出台和完善，非物质文化遗产研究越来越全面，理论研究达到了新的高度，取得了许多研究成果。数字化保存的研究集中在三个层面：数字化获取、保存和发展。非物质文化遗产研究工作的重点是数字化的保护研究，包括非物质文化遗产数字化的采集、保存和开发三个方面的内容。数字化采集的内容主要有数字清单的编写、数字储存库和数字生产和重建；数字化保存主要包括数字信息的建设、组织和管理的内容；数字化开发主要探讨了数字信息的管理和组织等问题。日本的研究人员探索了如何将计算机虚拟现实技术用于非遗资源的数字化管理、保存和开发过程中。经验性的研究将侧重于具体社区的案例分析及国家的公共政策制定，相关研究人员从国际非遗保护的角度介绍了日本、巴西和其他国家的成功经验。

(四)总体深化期

2016年以来,国外的研究人员不断总结和分享非遗保护的成功经验,学习新的方法和理念,敢为人先,勇于创新,在非遗保护研究中采用跨学科、多层次的创新方法,并在非遗保护的领域中获得了更新的研究成果。在国外参与非遗保护研究的学科中,环境科学和计算机科学占有重要地位,非物质文化遗产被纳入文化生态服务系统和文化景观的评估框架中,非物质文化遗产的数字保存领域也发展到了相对完整的程度。有学者总结了创建非物质文化遗产数字库过程中经常存在的法律问题。还有学者指出,经济发展情况较好的地区更容易失去非物质文化遗产,并提议建立生态和文化保护区域。

二、国外主要国家非物质文化遗产保护现状

(一)法国非物质遗产保护

法国在保护非物质文化遗产方面有着丰富的经验和悠久的历史。在国际组织起草和缔结《保护非物质文化遗产公约》(以下简称《公约》)之前,法国在非遗保护方面已经具有了丰富的经验。20世纪80年代,法国文化和宣传部就设立了一个特别的考察组,以促进和推动自己国家的民族学研究。此外,有许多经验丰富的社团组织活跃在非物质文化遗产保护的领域,他们的工作可以将研究和实际应用紧密结合起来,研究成果的传播和文化倡议的行动也可以一起协同开展。

随着《公约》的正式订立,法国的非物质文化遗产保护工作在其不断发展的基础上产生了新的变化,形成了继往开来的发展局面。《公约》使得法国在非物质文化遗产保护领域的实际工作有了法律依据。法国一直在坚持履行其作为《公约》参与国家的义务。首先,法国建立了本国家内的非物质文化遗产名录。虽然非物质文化遗产经常在其所属的区域进行登记,但这是第一次在国家层面建立非物质文化遗产名录。另外,2008年以来,法国持续推动其向联合国教科文组织申报非物质文化遗产的工作。联合国教科文组织的非物质文化遗产名录的创建引发了各国政府的申报热潮,因为对于当地的文化遗产保护组织来说,被列入名录并不意味着他们获得了一个虚假的称号,而是意味着他们拥有了全新的手段,可以

用来推广、普及和保护非物质文化遗产。因此，法国整理了许多非物质文化遗产申报的材料，其中一些提名与《公约》规定的标准相比有些不寻常。此外，法国文化与宣传部特别重视对非物质文化遗产研究的扶持。

2006年7月11日批准《公约》并实施以来，法国在保护非物质文化遗产方面取得了重大进展，但仍有一些不足之处，特别从国家的角度来说需要加强不同公共服务部门或民间团体之间保护非物质文化遗产行动的协调性和配合程度，并加强部门间和团体间行动的有效协同和行动机制。法国也在不断提高保护工作效率的过程中思考这些问题的解决方法。

1.与非物质文化遗产保护有关的机构

（1）非物质文化遗产中心（CFPCI）

《公约》第13条规定，参与《公约》制定的国家应指定或建立一个或多个机构负责保护其境内的非物质文化遗产。2010年11月29日，当时担任法国文化与宣传部部长的是弗雷德里克·密特朗（Frederic Mitterrand），写信给联合国教科文组织总干事，建议在世界文化之家（La Maison des cultures du Monde）文献中心的基础上建立法国非物质文化遗产中心，也就是CFPCI。世界文化之家也非常支持弗雷德里克的建议，并很快付诸实施。法国文化与宣传部指定原文献中心为"有能力保护国家境内非物质文化遗产的组织"，因此原文献中心就成了法国非物质文化遗产中心。经过世界文化中心的遴选，人类学博士塞夫琳·卡沙（Severine Cachat）被任命为该中心的主任。

法国非物质文化遗产中心不仅是一个对非物质文化遗产信息进行组织和管理的单位，同时也能够在非物质文化遗产中心开展各种各样的活动，如文化反思、欣赏、传播和培训等，以促进观众对非物质文化遗产和文化多样性的理解和喜爱。

法国非物质文化遗产中心不是一个独立的团体组织，在法律上也没有确定的地位。但它仍然从属于世界文化之家，因此没有给法国非遗中心相应的拨款。2012年以来，法国非物质文化遗产中心一直负责起草法国非物质文化遗产清单，以履行《公约》中的义务。

法国非物质文化遗产中心不仅完成了之前世界文化之家文献中心承担的相应工作，还扩大了其工作的范围，如对非物质文化遗产的清点、鉴定和研究等，当然这些工作必须按照《公约》的要求开展，并发展了在法国国内、国际社会之间的联系网络。非物质文化遗产中心在和法国科学研究和政策领导司、文化遗产总署进行协商之后,确定了中心职责和任务。中心的任务包括:提高大众对《公约》的了解程度,以及保护非物质文化遗产和文化多样性的觉悟;收集有关非物质文化遗产的档案材料并推广现有的文化资源;收集和整理数据并在一定的时间内向教科文组织提交有关非物质文化遗产保护状况的报告;通过批判性地分析非物质文化遗产的政策及其影响,对非遗文化的相关领域知识进行更新;与法国科学研究和政策领导司、民俗和非物质文化遗产委员会开展多样的合作,为文化项目主办方提供有关信息,提供法国非物质文化遗产方面的专业指导;参与监督法国非物质文化遗产保护项目的完成,并与法国科学研究和政策领导司及相关保护协会合作保护法国非物质文化遗产;加强非物质文化遗产项目之间的协同和联系,并促进非遗知识的传播和发展。

非物质文化遗产中心还与法国文化与宣传部开展深度合作,以确定、监测和评估潜在的可能入选遗产名录的项目。该中心还与世界文化之家合作,确保已经列入世界遗产名录的项目得到妥善的处理。它还开展科学研究或研讨会,以提高大众对非物质文化遗产保护的认识,并通过各类的出版物传播中心和各类社会团体工作的成果。

(2)法国文化与宣传部(文化遗产总署及科学研究和政策领导司)

文化遗产总署及科学研究和政策领导司是负责执行《公约》等文件的政府部门,隶属于联合国教科文组织和法国文化与宣传部。

文化遗产总署在人种学和非物质文化遗产等方面的工作范围,在2009年11月17日颁布的有关遗产总署组织和任务的法令中有所说明。该法令中的有关界定内容如下:文化遗产总署致力于对人类的文化遗产进行保护和传承,它一方面提倡建筑的创新,另一方面致力于提高自然和人工区域的建筑和景观的质量,它要保护所有在遗产法和城市规划法规定范围内的文化资产,如纪念碑、花园、建筑和非物质遗产、博物馆藏品、公共文件等,确保让城市的公共财产在最有利的条件下得到研究、保护、保存和发展。

该法令还规定,文化遗产总署将委托科学研究和政策领导司协调和管理考古、档案、人种学和非物质遗产、建筑和可移动遗产、遗址和博物馆领域的研究。为此,科学研究和政策领导司需要与其他部门合作并与秘书处的工作相配合,为相关领域制定研究治理框架，确定交叉研究目标，制定研究政策并评估其实施结果。法国文化与宣传部为了更好地完成这些任务，成立了一个专门的研究委员会，科学研究和政策领导司负责该委员会的日常工作和秘书处的工作安排。

需要说明的是，科学研究和政策领导司还要负责制定文化遗产研究的政策和指导方针，特别是与人种学遗产有关的活动，以及监督《公约》的实施的程度。

（3）法国文化与宣传部（其他相关部门）

根据不同任务的要求，法国文化与宣传部中的一些部门被要求负责一些与联合国教科文组织制定的《公约》有关的任务和项目。因为《公约》中涉及的领域较广，所以工作的内容会与法国文化与宣传部中的很多部门有关。例如，艺术创作总署（支持传统音乐和舞蹈中心的发展，以及传统技能和手工艺的保护）、法语与法国境内其他语言总署（支持不同地区语言的保护与发展）、媒体与文化产业总署（通过法国国家图书馆将几个传统音乐和舞蹈中心的作用集合起来）和文化与宣传部总秘书处（帮助世界文化之家发展并参与国际事务的商讨）。

2. 其他非物质文化遗产保护措施

（1）将非物质文化遗产的保护和开发与社会发展相结合，纳入其发展规划

①立法措施

法国在很久之前就开始重视文化遗产的立法保护问题，20世纪初就制定了保护历史遗迹的法律，21世纪初又制定了遗产相关领域的法律。近年来，法国文化与宣传部一方面促进了文化遗产法律的制定，遗产的法律法规内容应该包括非物质文化遗产的相关概念；另一方面在国内的法律法规中引入国际公约的内容，如纳入国际非物质文化遗产名录标准和执行方法等规定。

②开发措施

没有社会各方面的通力合作，非物质文化遗产的保护和发展是无法实现的。为了了解参与保护和发展非物质文化遗产的组织信息，以及加强个人和团体之间的合作。法国文化与宣传部与西布列塔尼大学开展了合作，于2010年和2011年在法国进行了普查活动。2012年6月，法国非物质文化遗产中心组织了一次会议，首次将列入联合国教科文组织非物质文化遗产名录项目的主办者聚集在一起。这次活动是为了更好地协调非物质文化遗产的后续工作，展现各方参与者的精神面貌，加强项目主办者之间的联系，协调法国非物质遗产的保护工作。

③鼓励科学、技术和艺术研究，提高遗产保护效率

由于法国在30多年的时间内一直对人种学遗产采取积极的研究和开发政策，《公约》才有了实施的基础。由于这一政策的实行，到2014年，法国已经发布了400多份相关的调研报告，出版了68期《田野》，《田野》是一份关于非物质文化遗产的专门期刊，发布了35卷法国人种学丛书和29期法国人种学手册。这些政策一直延续到今天，促进了对非物质文化遗产的研究：2006年至2012年，法国文化与宣传部的人种学机构出版了100多部专著，都是直接或间接与民族学有关的。法国科学研究政策的发展和变化在一定程度上得益于教科文组织《公约》的缔结和实施。

（2）确保非物质文化遗产得到承认、尊重和发扬的举措

除了对非物质文化遗产按时进行排查、整理和保护等工作，还必须确保非物质文化遗产能够在全国范围内得到人们和各种机构的肯定，并允许其继续发展和传承。为了让非物质文化遗产的项目得到人们和各种机构的肯定，有关的法律和规定主要由国家制定，为了保证非物质文化遗产的继续发展和传承，各种协会团体和地方当局的作用也要积极地发挥出来。当然，鼓励人们关注和重视非物质文化遗产的措施也得到了相关公共机构，特别是文化与宣传部的支持和帮助。然而，在全法国范围内，各地区和各部门参与非物质文化遗产工作的程度各不相同：布列塔尼和利穆赞等地区比较活跃，尤其是传统音乐和舞蹈、艺术和手工艺等领域的专业或协会团体在非物质文化遗产的工作中表现得更为积极。我们重点将要介绍法国政府和世界文化之家在法国传播非物质文化遗产方面开展的合作。

①文化与宣传部的工作

为了促进大众对非物质文化遗产的认可并促进相关内容知识的传播，法国文化与宣传部一方面致力于推广联合国教科文组织《公约》的原则，组织相关组织和协会进行公开交流，以便在各个领域对非物质文化遗产的内容进行推广和宣传。例如，2008年和2012年，法国文化与宣传部在布列塔尼分别组织了两次以非物质文化遗产为主题的会议。其他协会在法国文化与宣传部的支持下，组织了关于保护非物质文化遗产的主题活动和其他不定期会议。此外，文化与宣传部非常关注的是提交列入《人类非物质文化遗产代表作名录》的内容，并推动其申请的流程，以提高非物质文化遗产概念在法国国内的重视程度。另一方面，文化与宣传

部还注重非物质文化遗产内容的传播和推广程度，在过去的工作中出版和传播了大量关于非物质文化遗产的资料、书籍和杂志。特别是，它支持和促进有关非物质文化遗产的影音制作工作，要么支持以非物质文化遗产内容为主题纪录片的拍摄，要么在大型电影节上为非物质文化遗产短片等内容设立特别奖。

②世界文化之家的工作

在法国正式参与到联合国教科文组织《公约》之前，世界文化之家在促进非物质文化遗产的推广方面发挥了重要作用。随着《公约》在法国的批准和实施，这一作用得到了进一步加强。世界文化之家是一个由法国文化与宣传部直接支持的机构，其主要任务如下。

第一，文化交流活动。2004年以来，世界文化之家每年都会组织一次非物质文化遗产的交流活动，向所有非物质文化遗产的爱好者、专业人士、研究人员和持有者开放，每年都会选择一个特定的主题。

第二，出版、传播。世界文化之家出版系列丛书，收集并公开传播非物质文化遗产活动的开展成果和研讨会的成果。

（3）国际合作

联合国教科文组织《公约》第19条对这一领域的国际合作作了如下定义：在本公约中，国际合作的目的是交流非遗保护工作的信息和经验，采取联合措施和建立协助缔约国保护非物质文化遗产的机制；考虑到国家立法的规定及其习惯法和社会的惯例，缔约国承认保护非物质文化遗产符合人类社会的长远发展。他们承诺为此目的在双边、区域和国际的范围内进行合作。法国在保护非物质文化遗产方面的国际合作主要包括以下几个方面。

①法国在编制非物质文化遗产名录、解释本国非物质文化遗产政策方面所进行的国际合作

A. 与魁北克的合作

在批准《公约》后，法国就开始了国际上的非遗保护合作，如制定非物质文化遗产名录。合作的目标国家是加拿大，尤其是加拿大的魁北克省。这是因为在2003年至2005年期间，魁北克省制定了自己的非物质文化遗产名录，由拉瓦尔大学的洛里耶·蒂尔容（Laurier Turgeon）教授主持这项工作的开展。

该清单的编制方法建立在拉瓦尔大学和整个魁北克省已经获得的经验之上。

为了熟悉魁北克的情况，2007年至2009年期间法国和加拿大进行了频繁且密切的交流，拉瓦尔大学的研究人员访问了魁北克或被邀请到法国进行现场的指导工作。

B. 国际范围内的信息交流与共享

除了名录编制等工作，法国还非常重视非遗主题的文化交流研究，将法国的经验与其他国家的经验进行比较。研讨会的形式成了国家之间分享和交流信息的主要形式。

②在国际范围内，形成非物质文化遗产经验的共享机制：与世界文化之家的合作

如前所述，世界文化之家作为一个非政府组织，积极参与了非物质文化遗产的国际交流，并发挥着重要的作用。通过组织会议的形式来接待非政府组织、政府机构或科学研究中心的非物质文化遗产领域的专家，频繁的合作为非物质文化遗产的国际经验交流创造了良好的环境。

A. 与联合国教科文组织的正式合作

世界文化之家与教科文组织进行合作，组织了关于《公约》的国际交流活动，特别是2008年1月29日由教科文组织和法国文化与宣传部在世界文化之家举办的国际研讨会。

B. 世界文化之家非物质文化遗产日

世界文化之家每年都会组织非物质文化遗产日的活动，这些活动将来自多个国家的非物质文化遗产组织者、个人和机构都聚集起来。该活动日的主题每年都不同，但近年来采取了以圆桌讨论的形式进行交流的活动，如在2012年的第八个非物质文化遗产日，此次圆桌会议的主题是"如何传承"。

C. 非物质文化遗产研究者的交流会晤

2012年以来，世界文化之家一直在组织非物质文化遗产研究日活动。第一个研究日的重点是《公约》中的社群概念，参与者就这个主题展开了认真的讨论

3. 法国非物质文化遗产保护的具体实践案例

2010年，法国美食被列入《人类非物质文化遗产代表作名录》。为什么作为法国日常生活一部分的美食会成为非物质文化遗产？作为一项非物质文化遗产的内容，美食具有哪些独特的特点？美食的入选会不会对非物质文化遗产的定义范

围产生影响？法国政府和其他机构应该采取什么独特的措施来保护美食这一遗产？下面的内容主要针对这些问题进行回答。

（1）美食大餐的社会文化功能

法国人喜欢用美食来庆祝人生中重大的事件，如新生儿的出生、生日或纪念日、婚礼、毕业、家庭团聚等活动，每逢纪念日会宴请许多宾客开宴会。餐桌上的每个人都会和大家分享自己的喜悦时刻。宴会的这个环节能够增强团队中成员的凝聚力，密切朋友、家人、同事及社区成员之间的关系，形成团队中成员的身份标识。最终的目的就是加强群体成员之间的团结友爱。吃美食的场合也是一个可以聚会和分享快乐的场合，反映了法国人既要吃又要进行社交的强烈需求。法国人不仅喜欢具有个性化的菜肴，而且努力追求食物质量的提高。这种美食文化在法国各地普遍存在的原因有两个。第一，法国人赋予了食物很多不同层次的含义，包括融入社会、关爱他人、分享美食、平衡人与自然的利益。第二，法国美食在食用的时候要遵循一定的惯例或仪式，如食材的选择、食谱的选择、烹饪技术、装饰餐桌、上菜过程、酒和食物的搭配及食物的讨论。美食中不同整合的功能可以加强人们之间的联系。吃美食是所有法国人都已经习惯的一种社会习俗，不对人们的年龄、性别、社会阶层或政治派别进行区分。在正式和非正式场合，法国人都为他们美食文化的发展而努力进行着各种尝试和创新，这种文化已经代代相传成了一种习俗。法国人经常去会做美食的朋友和亲戚家里，因为这些人对美食烹饪的仪式和技术更加熟悉。因此，法国人是法国烹饪传统的守护者和承载者。

（2）美食大餐作为非物质文化遗产的现状与可持续发展性分析

法国人对美食的热爱已经成为一种全国范围的习俗，不受工作环境的限制或传统家庭模式危机的影响。法国生活条件观察与研究中心发表的一项研究表明，美食盛宴已经成为法国特色饮食传统的重要组成部分。年轻人在美食大餐中的参与能够帮助传统的美食在一定程度上进行创新。美食盛宴不仅是一种社会生活中的习俗，也是一种双重体验，也就是为参与者提供了感官和文化上的体验，从而为他们身份的重新表述提供了一个新的空间。出于这个原因，美食大餐可以将继承和发扬光大的原则与年轻人想要创新传统事物的需求相结合，继承和创新的主要内容是口味和制作方法的创新。年轻人对节日聚餐价值的看法不一，但是大部分的年轻人都认可美食聚餐是为了社交的乐趣，这样的看法产生了更灵活和更现代的用餐形式。可以看出，美食知识和经验的传播是一个动态和不断发展的过程。然而，在这方面仍然需要进行更多的宣传，如通过不同的形式开展教育活动。

此外，非物质文化遗产的价值在法国仍没有被所有人认可。虽然法国的美食被列入《人类非物质文化遗产代表作名录》，并且这件事在媒体上受到了广泛的关注，法国的美食也提升了不少知名度，但很难说它是否会对非物质文化遗产的保护起到真正的推动和促进作用。然而，由于实施了一些保护非物质文化遗产的措施，特别是建立了专门的综合文化机构（美食城网点体系）和促进非物质文化遗产的教育等重要措施，非物质文化遗产的保护工作正在逐步发展。在法国美食被列入《人类非物质文化遗产代表作名录》后，国家管理的方案多次在媒体上公布，但遗憾的是，媒体经常将世界遗产和非物质文化遗产这两个概念混淆，有可能是因为不负责或者是知识的欠缺。这就是为什么法国文化与宣传部和法国农业部特别控制美食入选《人类非物质文化遗产代表作名录》之后的炒作行为，因为它已经陷入了商业化的风暴之中。

（3）美食大餐对非物质文化遗产保护工作的影响

法国美食被列入《人类非物质文化遗产代表作名录》，使"非物质文化遗产"的概念在媒体上得到了高度关注。公众非常了解2003年《公约》的价值和重要性，特别是它所规定的保障措施。公众宣传活动采取了以下的形式。

第一，新闻发布会。

第二，弗郎索瓦·拉伯雷论坛。这个论坛和"饮食与文化论坛"在相近的日期创立，由图尔大学欧洲历史和烹饪文化研究所组织，每年举行一次，由大学教授和知名厨师作为嘉宾。

第三，里昂第二大学和图尔大学组织的学习日活动。许多专家被邀请到国外，活动的参与地点主要是世界各地的法国文化中心，活动中主要会介绍将法国美食列入《人类非物质文化遗产代表作名录》的现实意义和发展前景。这一具有教育意义和发展空间的活动已经在拉脱维亚、以色列、泰国、不丹和马来西亚举行过。

但是，法国媒体不能够准确和详细地对法国的美食大餐入选《人类非物质文化遗产代表作名录》的意义进行解读，需要寻找更为丰富多样的宣传手段来说明

《公约》、非物质文化遗产等内容的概念和意义，从而更好地解释非物质文化遗产的多样化表现形式。

（4）为提升或巩固非物质文化遗产地位所付出的努力

法国美食申请列入《人类非物质文化遗产代表作名录》的时候，规定了公共和私人部门在保护这一遗产方面应履行的具体义务。在私人部门方面，法国遗产与饮食文化代表团（MFPCA）来负责监测和监督私营合作伙伴采取的保护措施，MFPCA具有很强的权威性。在国家层面，保护工作主要体现在《国民膳食纲要》（PNA）的起草和实施上。

2010年9月，法国农业部和文化与宣传部就联合成立了一个工作组，负责筹备和编写纲要的内容。这个工作组后来被调整为一个负责国民膳食纲要筹备的工作组之一，也就是关于食品文化和烹饪遗产的第11工作组。工作组已经召开了五次会议，包括一次邀请专业遗产组织代表参加的扩大会议。法国遗产与饮食文化代表团也成了该联合工作组的成员。该工作组目前由食品、文化、旅游、外贸、消费者保护、外交和教育等部的部长，以及法国原产地和质量控制中心（INAO）负责人组成。关于法国的美食入选《人类非物质文化遗产代表作名录》事宜，上述国家部门已经制定并通过了一些措施来保护和发展法国美食，下面进行展开介绍。

①作为学校教育配套措施的美食文化体验小组

从2011年3月到2011年12月，在六个试点地区（阿尔萨斯、勃艮第、法兰西岛、北部—加莱海峡、中央大区和留尼汪岛）开设了美食班，并在2011学年开始的时候将美食班这一形式扩展到所有地区。美食班的课程分8次进行，每次1小时30分钟，美食班的开设由法国原产地和质量控制中心资助。课程的目的是改善学生的心理状况，提高他们的语言表达能力，克服他们对新鲜食物的恐惧感，鼓励他们参与到家庭烹饪的过程中去。在最后的两节课中，会让学生自由结组，形成体验小组的形式，学生和家长将通过互动和分享当地产品的方式了解法国的烹饪文化。国家食品的主管部门与法国食品的原产地和质量控制中心密切合作，出版了一本关于美食文化的教育小册子。法国农林副食品部也支持国家美食教育系统的发展，特别是通过促进美食班宣传的方式给予支持。

②对法国人美食大餐组成要素和就餐礼仪的统计和收集

法国在制定《国民膳食纲要》时，热衷于使本国的农业和渔业向现代化的方向发展，并对法国的饮食文化进行推广。为此，法国的政府部门收集了全国各地的地区菜肴和食谱并编制成宝典，这反映了法国人对饮食文化的重视。

事实上，类似的统计工作在法国早已完成。20世纪90年代，法国烹饪艺术理事会（CNAC）与布雷斯地区布尔格科学研究中心合作编写了一部法国特产名录，但遗憾的是，该名录从未被数字化。此外，法国原产地和质量控制中心在2012年推出了一个名优产品的数据库并在同年投入使用。

显然，仅仅编制清单和统计数据是不能够满足使用需求的，还必须将这些数据整理起来形成规范供公众使用。在2011学年开始时，来自法国各地的农学院的学生被当地政府动员起来，要求选择他们所在地区的特有的产品。他们选择了本地区最具代表性产品共15种，以完善法国烹饪委员会制定的美食清单。这些数据是农学院学生亲自收集的，综合了地理、社会、文化、历史和环境等收录的因素，并作为考量的基础。

2012年底以来，这些数据已通过各种传播渠道提供给公众，如多媒体官方网站、手册、丛书或纸质的卡片及其他出版物等。该门户网站已经包含了大量关于菜肴和食谱的信息。今后，还将包括由农学院学生收集的关于烹饪和社会实践的信息。《国民膳食纲要》还采纳了吃货厨房协会的提案，准备建立一所传统工艺烹饪艺术学院，从美食领域的高等教育机构的专业角度，促进传统烹饪艺术的创新和发展。

③鼓励全国性大型文化活动增加美食专题板块

文化活动的一个成功例子是评选"欧洲文化之都"活动的开展（马赛成为2013年"欧洲文化之都"）。活动的组织者特别关注美食文化及庆祝活动，组织了一个名为"废弃的厨房"的大型活动。

为了推动将法国美食纳入《人类非物质文化遗产代表作名录》的进程，并响应法国文化与宣传部的各类宣传活动，《国民膳食纲要》现在已经将欧洲遗产日的主题扩展到了食品和美食遗产的领域。2010年，欧洲遗产日的主题活动中就进行了一次实验，开展了一次以"知名人物"为主题的美食文化活动，第二年则以"旅行"作为活动开展的主题。

此外，2011年9月23日，法国农业部和文化与宣传部共同签署了有关推动饮食、农业、文化等发展的公约，签署的目的是对农村地区经济的发展进行相关的规划，进一步强调农村经济发展的意义，支持地方文化活动的规划和开展，以提高烹饪和美食遗产的影响力，特别是与该遗产相关的烹饪技能和社会习俗的影响力。这一公约已经在一些地区的农林和食品文化机构进行了试点，并在法国许多地区制定了相关的地方性公约。

（二）意大利非物质文化遗产保护

1. 意大利非物质文化遗产保护现状

1997年11月，教科文组织第29届大会首次提出了"人类口头和非物质遗产代表作"的相关定义，并随后考虑到了"口头遗产"与"非物质遗产"之间存在的区别，决定在"口头遗产"的基础上增加"非物质遗产"的定义，使"人类口头和非物质遗产"的概念正式化。2001年，教科文组织宣布了首批19项"人类口头和非物质遗产代表作"。2003年10月，教科文组织第32届大会正式通过《公约》。非物质文化遗产是文化遗产的一个具体并且具有特色的部分，这一概念开始在国际范围内被人们接受。

从"人类口头和非物质遗产代表作"的首批开始计算，截至2017年，意大利有六处非物质文化遗产被列入《人类非物质文化遗产代表作名录》，并且意大利的六处非物质文化遗产都是国家境内独自拥有的。以下是意大利的一些非物质文化遗产项目介绍。

（1）西西里木偶戏

西西里木偶戏是第一批被联合国教科文组织重视的意大利非物质文化遗产之一，2001年被列入《人类口头和非物质遗产代表作名录》中，2008年正式被列入《人类非物质文化遗产代表作名录》。

19世纪初，西西里木偶戏（如图2-1-1所示）在意大利的西西里岛发展起来。Pupi（源自拉丁文pupus）是西西里民间戏剧的一种形式，戏中的木偶穿着军队的盔甲，主要的人物是查理大帝和十二名武士。在戏剧的早期，戏剧的素材主要来自加洛林王朝时期的小说和诗歌，木偶剧中也可以表现英雄人物的故事，主要由伟大的史诗、英雄传奇和传奇人物的生活故事构成。除这些古典和传统的史诗故事外，艺术家还根据诗歌、浪漫传说、流行歌剧和各种生活中的故事作为素材创作戏剧。

图 2-1-1　西西里木偶戏

西西里木偶剧诞生以来，在平民阶层中广受欢迎，尤其在意大利南部非常受欢迎。这些节目通常在小型家庭剧院演出，戏剧传统、木偶制作的工艺和操纵木偶的技术在意大利南部地区代代相传。

每个家庭剧团和其他家庭木偶剧院的手艺人都因为能够掌握一项传统的技艺而感到自豪和骄傲。在木偶戏广泛流行的时代，表演能够延续好几个晚上而不停歇，这种表演的形式为大众的社交活动提供了机会。

20世纪50年代，随着高科技的发展和经济水平的提升，电视逐渐走进千家万户，许多西西里人开始选择电视作为娱乐的方式，木偶戏的观众人数急剧下降。由于经济上的困难，许多木偶戏的表演者被迫放弃了木偶戏，西西里木偶戏失去了昔日的辉煌，逐渐消失在西西里人和其他意大利人的生活中，西西里木偶戏的传承和发展也成了一个难题。

为了保存和发展这种古老的戏剧形式，联合国遗产保护委员会还就解决西西里木偶戏的发展困境制订了一系列的发展计划，其中包括在专门的培训学校中培养年轻的木偶演员，举办西西里木偶剧节，并设立专业的奖项，在国内和国外举办大规模的展览，以及建立木偶戏的行业标准等。近年来，在老牌木偶剧团和年轻木偶剧团的努力下，以及西西里旅游业的振兴发展，西西里木偶戏有了忠实的爱好者，并开始吸引年轻观众和来自世界各地的游客，这种传统的民间艺术形式正在逐渐恢复其昔日的辉煌。

（2）地中海饮食

地中海饮食的定义是指处于地中海地区的意大利、西班牙、希腊、摩洛哥、葡萄牙、克罗地亚和塞浦路斯等国家的传统饮食风格。20世纪50年代，当时美国著名生理学家安塞乐·本杰明·契斯（Ancel Benjamin Keys）首先提出了地中海饮食的具体概念和提案，并通过研究发现，地中海饮食对预防和减少心血管疾病有积极作用，这种饮食的类型有助于保持人们身体的健康。从那时起，地中海饮食才走进人们的视野，并随着时间的推移得到人们的关注。

地中海饮食被列入《人类非物质文化遗产代表作名录》，不仅是因为其均衡的饮食，还因为地中海饮食中也包含着积极阳光的生活方式、乐观包容的心态和农业传统。地中海饮食文化的特点还包括强烈的文化饮食归属感和慷慨的分享习惯。在餐桌上分享食物是地中海饮食文化的一个传统，分享食物的行为能够使人们聚集在一起，促进互动，加深情感，体现社区认同价值的重要性。

地中海饮食（如图2-1-2所示）是一种可持续而且较为环保的饮食方式，不仅强调人类的身体健康，也强调环境的可持续性。人与自然的平衡及作物的季节性轮换也是地中海饮食的鲜明特点，人们在土地中种下种子并多次轮换作物的耕种，尊重作物的季节性和生物多样性等自然规律，以确保传统农业、渔业和畜牧业的延续和发展。

图 2-1-2　地中海饮食

总的来说，地中海饮食作为世界饮食的一部分，它包括多样化的饮食文化，如烹饪技术、餐桌礼仪等，以及农耕文明的传统种植方式，如种植、收获、捕捞、准备、加工、储存等过程而且它也体现了地中海人民的饮食传统，是传统节日中不可或缺的一项重要内容，许多歌曲、谚语、故事和传说也以食物作为创作的灵感。

2010年，意大利、摩洛哥、西班牙和希腊联合申报的地中海饮食，最终成功列入《人类非物质文化遗产代表作名录》。2013年12月，塞浦路斯、克罗地亚和葡萄牙三国也共同拥有了这项非物质文化遗产。

（3）肩扛巨型圣人游行

在宗教节日期间，意大利在全国范围内都会举行肩扛巨型圣人的天主教游行，这个活动别具特色，特别是在诺拉、帕尔米、萨萨里和维泰博这四个城市中最有游行的气氛。在每年的不同时期，这四个城市都会组织盛大的肩扛巨型圣人活动，由当地居民扛着圣人的雕像在历史中心和城市的主要街道上进行庄严的巡游。这个活动的所有环节，如肩上巨大圣人的整体设计，花车的外观确定、服装和物品的准备，歌手和舞者的排练等，都需要居民的参与和合作，只有大家共同合作才能完成整个活动。

2005年，意大利卡拉布里亚大区文化局的主任纳尔迪女士发起了一项重大倡议，主要是针对这一宝贵的游行文化遗产，四个城市联合起来成立了肩扛巨型圣人游行协会。2010年，在意大利文化部、外交部、旅游局及联合国教科文组织的通力合作下，该协会成功地将肩扛巨型圣人游行列入意大利人类非物质文化遗产的申报名单中。2013年12月，联合国教科文组织宣布将意大利的肩扛巨型圣人游行列入《人类非物质文化遗产代表作名录》中。

肩扛巨型圣人游行的活动既是意大利文化遗产的一个重要组成部分，也是宝贵的社会遗产，因为每年在四个城市举行的游行活动反映了每个城市流传至今的宗教精神，也能够加强当地居民的社会荣誉感，加深人们对当地文化的认同感和自豪感。肩扛巨型圣人游行的活动是为了庆祝各自守护神节日的到来。每个巨型圣人的装置都有所区别且各具特色，装置由底部的基座和上面的圣徒雕像两部分组成，形成一个塔形结构。由于这些雕像的大小和高度不同，不同数量的居民要通过合作的方式将它们的重量分散到每个人的肩上。每年节日到来之前，都要由当地人利用他们的技能和知识，重新制作巨型圣人游行所需要的装置，巨型圣人游行中最重要和最关键的部分就是如何协调和分配好巨型圣人的重量。

肩扛巨型圣人装置就像一座非静止的宗教纪念碑，是宗教和社会习俗完美结合的非物质文化作品。肩扛巨型圣人游行也不是一种正式传播的文化方式，但是其作为非物质文化遗产的代表,能够凭借其独特的魅力赢得全世界人民的认可。如今,这四个意大利城市每年都会吸引许多游客前来旅游,主要为了观赏著名的肩扛巨型圣人游行。

2. 意大利非物质遗产保护启示

虽然21世纪初以来,意大利政府和各种民间组织对非物质文化遗产的保护和宣传工作有了很大的提升,并且获得了较为成功的效果,但意大利政府对非物质文化遗产的鉴定、宣传和保护可以追溯到19世纪末。意大利王国在1861年实现统一,许多民俗学和人口学专家开始在自己的专业领域工作,在全国境内进行调研工作,以消除南北之间的差距和该国的高文盲率,为巩固王国的统一做出了卓越的贡献。1946年,意大利建立了共和国,非物质文化遗产的保护更是成为了政府大力发展的项目。1974年,文化财产和环境部成立,负责所有与文化遗产有关的活动,包括非物质文化遗产等。罗马智慧大学、意大利编纂和文献中心、意大利民俗传统和艺术国家博物馆于1978年展开非物质文化遗产领域的合作,并且是由文化和环境财产部(1957年,文化财产和环境部更名为文化和环境财产部)牵头组织的,出版了第一本与民俗文化有关的书籍。除了将民俗文化纳入立法和政策的体系中,还将音乐和节日在内的文化资产纳入文化遗产目录中,这个举措具有很强的实验性,同时也是意大利首次引入非物质文化遗产的概念。

2003年,著名的《公约》作为保护非物质文化遗产的基本纲领问世。意大利在这个时候已经在非物质文化遗产的保护领域具有非常丰富的经验。2007年,意大利成为《公约》的正式缔约国,意大利的非物质文化遗产的保护、鉴定和推广工作也翻开了新的篇章。

意大利在非物质文化遗产领域保护的经验对于保护和促进我国的非物质文化遗产具有重要意义。

(1)政府牵头,配合地方各种机构,共同运作

《公约》第2、11和15条都明确提出,国家应组织国内所有非政府组织和机构参与保护非物质文化遗产的工作。意大利就是践行这一规定最好的代表。意大利政府非常重视对其民族文化的促进和保护。

"意大利文化部"是整个文化领域的最高权力机构,统管全国范围内的所有文化活动,但这个部门也下放了许多权力,允许意大利每个大区当局和民间机构

独立行事，并拥有更大的工作权限。这也是意大利非遗项目具有非常具体的区域特色的原因。古罗马和文艺复兴时期的遗迹散布在意大利不同的地区，使得意大利成为文化大国和世界遗产的集中分布地，意大利各级政府在文化保护方面都有很丰富的经验，并且拥有很多优秀的专业人才在文化保护领域工作。例如，由于意大利卡拉布里亚大区文化局主任纳尔迪的努力，肩扛巨型圣人游行才能被列入《人类非物质文化遗产代表作名录》。纳尔迪负责调研、研究和宣传等文化活动的每项环节，并得到意大利各部门的帮助，使申报获得成功。

在不同层次的公共和私人机构中，意大利的各种专业协会和博物馆起到了不可忽视的作用，不仅在维护从业者利益方面发挥着非常重要的作用，而且在保护该行业的发展历史和促进其传统的延续方面也发挥着重要作用。例如，收录了克莱蒙纳所有小提琴制作历史的拉迪瓦里基金会及小提琴博物馆，在非遗项目的申报中发挥了重要的作用，以及"注册"了几乎所有那不勒斯比萨店的那不勒斯披萨协会，也在申报的环节中起到了重要的作用，在意大利农业部前部长斯卡尼奥的支持下，米兰世博会的举办也给申报带来一个契机——在世博会上收集了超过30万个支持签名，为申报的成功提供了基础性的条件。

民间组织会倾向更多地参与文化的活动，以促进当地第三产业的发展，同时也从自己的传统出发，进行更加深入的研究。有一个非常重要的启发和教训，就是在非遗保护的过程中应该下放更多的权力，扩大地方政府的处理权限。

（2）非物质文化遗产与第三产业的完美结合

服务业是意大利经济的支柱，旅游业是意大利的主要外汇来源。这就是为什么意大利各级政府的政策重点总是在服务业和旅游业的发展上。意大利在保护和宣传非物质文化遗产方面也有很多值得我们学习的内容，意大利非常擅长将非遗项目和服务业、旅游业结合起来，以便在实现文化推广目的的同时，带来可观的经济收益。对西西里木偶戏的成功抢救和宣传，就是一个经典的案例，最后将其成功列入了非物质文化遗产名录，为西西里旅游业的发展做出了巨大贡献。木偶剧院、博物馆及各种木偶剧院的建造和展示，使帕勒莫、梅西纳、陶尔米纳等几个大城市的第三产业重新焕发活力。除享受西西里岛的自然美景外，游客还会购买一些木偶的纪念品，这也是吸引游客前来的一个重要理由。

意大利拥有丰富的世界级遗产，包括风景和文化等众多遗产项目。将非物质文化遗产与文化遗产结合起来的方式正在成为一个发展的新方向，也是一个新的创意。例如，推广小提琴制作艺术的克莱蒙纳小提琴博物馆，已经成了全世界游客了解克莱蒙纳历史的重要窗口，并通过小提琴博物馆的展示了解文艺复兴和整个意大利文化的历史。西西里木偶戏和当地的穆斯林文化、诺曼文化、撒丁岛牧歌、当地的加泰罗尼亚文化、阿西西复活节庆典和中世纪城市生活文化都完美地融合在一起。此外，我们注意到，意大利的大部分非物质文化遗产都集中在经济欠发达的南部地区，意大利政府已经将非物质文化遗产纳入国家经济发展的统一计划中。意大利政府的另一个重要经验是注重物质遗产和文化之间的联系，并将非物质文化遗产作为一种吸引游客的亮点来推广。

（3）在申请非遗项目的时候，应当注意寻找自身特色，同时在横向比较上寻求突破

如前所述，所有备选和已经入选的项目都非常具有意大利自身的特色，并且主要集中于食品、宗教、艺术和意大利其他有名的领域，而项目的独特性则是非遗项目申请的一个重点。同时，按照世界上非遗文化保护的标准，意大利政府的保护工作也非常具有创新性，这一点值得我们学习。首先，以"地中海饮食"为例，它是最早超越非遗项目申报过程中国家界限的联合项目之一，这是由意大利、西班牙、希腊、摩洛哥、塞浦路斯、克罗地亚和葡萄牙共同拥有的一项非物质文化遗产。而意大利凭借它居于地中海的中心位置和具有丰富的文化底蕴等特点，以及较为突出的经济实力，在这些申报的国家中处于优势地位，因此在这一项目的申报过程中最为活跃、受益最多的国家就是意大利。这种对于共同发展的长远眼光和接管的能力，是非常值得我国文化领域工作学习的。其次，2014年潘泰莱里亚岛葡萄种植技术被列入名录，这也是第一个被列入名录的农业技术，此项目的申报成功也说明意大利政府有一套独特的选择标准，更加注重基于详细的横向比较，而不是仅仅停留在特点的纵向研究上。最后，关于申请过程中的内部纵向合并上，一个典型的例子是诺拉、帕尔米、萨萨里、维泰博四城联合申请的"肩扛巨型圣人游行"项目，这些城市在地理上距离并不是太近，但这个项目已成为它们之间的重要纽带，为几个分离的城市提供了联合的机会，有利于开展其他方面的合作，如服务行业等第三产业的合作。这种在项目申请时，提前开展外部和内部比较的方式是较为有用的，可以确定每个项目不同的突出特色。

尽管意大利在非物质文化遗产保护工作方面的知名度不如其自身的文化和自然遗产那么有名，但在评估、保护和申报非物质文化遗产方面，它具有自己的特色。意大利的文化遗产和历史进程在某种程度上与我国有一定的相似性，这意味着我们在非遗保护的领域上要积极向意大利学习，努力促进非物质文化遗产领域的多种合作。

第二节　中国非物质文化遗产的保护

一、中国保护非物质文化遗产的显著成绩

中华人民共和国成立以来，党和政府高度重视非物质文化遗产的抢救和保护工作。政府采取了多样化的保护方法，并制定许多措施，大力弘扬中华民族的优秀传统文化，取得了很好的效果。例如，在国家层面上建立了民间文艺研究机构和民俗学会，并在各省、市、自治区设立分会，成为组织研究和保护民族文化遗产的主要学术机构；对民族文化遗产进行了全面、有组织、有计划的清查和登记工作；收集和整理了民间的文学，特别是少数民族的史诗、叙事诗、神话和历史著作等内容。学会还创办了学术期刊，出版了大量关于民间文学和民俗的作品，其中最著名的是十卷本的《中国民族民间文艺集成志书》，被学者誉为"文化长城"，大量的民族和民间文化艺术资源被保存下来。

（一）中华人民共和国成立后17年保护非物质文化遗产的成绩

中华人民共和国成立后，党和政府领导人民重新开始建设国家，发展经济，同时广泛开展社会主义文化建设。毛泽东非常重视继承民族优秀文化，弘扬和宣传民族精神，加强社会主义文化建设。1949年9月21日，毛泽东在中国人民政治协商会议第一届全体会议上的开幕词中明确指出："随着经济建设的高潮的到来，不可避免地将要出现一个文化建设的高潮。中国人被人认为不文明的时代已经过去了，我们将以一个具有高度文化的民族出现于世界。"[①]毛泽东还提出了应该正确对待古代文化遗产的原则和加强并宣传社会主义文化的基本方针。1956年

---

① 毛泽东. 毛泽东选集：第5卷[M]. 北京：人民出版社，1977.

4月28日，在中央政治局扩大会议上，毛泽东正式提出把"百花齐放、百家争鸣"作为我国文艺和科学文化发展的方针。1956年3月4日，毛泽东在国务院有关部门关于手工业工作的讲话中说："提醒你们，手工业中许多好东西，不要搞掉了。王麻子、张小泉的刀剪一万年也不要搞掉。我们民族好的东西，搞掉了的，一定都要来一个恢复，而且要搞得更好一些。"[1]1960年12月24日，毛泽东在接见外国代表团时谈到他对文化遗产的态度："对中国的文化遗产，应当充分地利用，批判地利用。中国几千年的文化，主要是封建时代的文化，但并不全是封建主义的东西，有人民的东西，有反封建的东西。要把封建主义的东西和非封建主义的东西区别开来。封建主义的东西也不全是坏的。我们要注意区别封建主义发生、发展和灭亡不同时期的东西。当封建主义还处在发生和发展的时候，它有很多东西还是不错的。反封建主义的文化也不是全部可以无批判地利用的。封建时代的民间作品，也多少都还带有封建统治阶级的影响"[2]。1961年至1962年，周恩来和陈毅领导了文化战线的整顿工作，并就保护和抢救文化艺术遗产、弘扬民族传统艺术发表了一系列重要讲话。陈毅在戏曲编导工作座谈会上中批评了对文化遗产的虚无主义态度，提出了拯救濒临消失的戏曲的想法，他说："中国自唐以来一千多年，受苦受难，所创造的戏曲艺术，从元曲到今天的京剧、地方戏，在我们这一代就要被糟蹋掉了，所以我就非常紧张。"[3]

他认为，党和政府应尽一切可能拯救传统文化和艺术，并提出了拯救和保护文化艺术遗产的具体方法，如①"有些东西湮没无闻，要沙里淘金，加以发掘。"②"要出几百大本、几万大本，把传统剧目和传统表演艺术记录下来，拍起照片。哪怕就是糟粕，也要先把它记录下来再说。很多话本、剧本、照片要把它保存下来，作为资料入库，并加以复制，加以翻印"[4]。党和国家领导人提出的正确对待文化遗产的基本原则，保护和发展民族传统文化的基本原则，为我国非物质文化遗产保护工作的开展提供了正确的指导和坚实的保障。

中国民间文艺研究会开展了许多文化领域的工作，为抢救和保护非物质文化遗产做出了非凡的贡献，也进行了很多组织协调工作，主要集中在中国各民族民间文学、民间艺术的挖掘、整理和研究工作上。1950年至1951年，出版了三期

---

[1] 中共中央文献研究室. 毛泽东文艺论集[M]. 北京：中央文献出版社，2002.
[2] 同上
[3] 中共中央书记处研究室文化组. 党和国家领导人论文艺[M]. 北京：文化艺术出版社，1982.
[4] 中共中央书记处研究室文化组. 党和国家领导人论文艺[M]. 北京：文化艺术出版社，1982.

《民间文艺集刊》杂志，1955年4月创办《民间文学》杂志，1982年5月创办《民间文学论坛》理论刊物。这些出版物中包括了大量的民歌、故事、传说和其他民间文学作品，以及理论研究文章，促进了民间文学研究的迅速发展。

20世纪五六十年代，中国民间文艺研究会出版了民俗学丛书和60多种单行本，如《安徽歌谣》《四川歌谣》《福建歌谣》《西藏歌谣》《云南歌谣》等，都是民俗学领域的故事。同时，还出版了多部民族民间文学作品集，如《义和团的故事》《阿凡提的故事》《信天游选》《爬山歌选》《河北民间歌曲选》《一幅壮锦》《内蒙东部区民歌选》《藏族民歌选》《中国近代反帝反封建历史歌谣选》。1952年，苏南文学艺术联合会组织的文学普查收集了2275首民歌和戏曲，包括275行的长篇叙事吴歌《狄庚》，1953年云南省文工团研究和整理了彝族撒尼人长诗《阿诗玛》。1956年中国舞蹈艺术研究会在江西婺源、南丰开展的傩舞研究，1959年中国民间文艺研究会和江西省文联开展的傩舞研究，1961年上海普查组进行的新民歌调查活动，1961年上海普查组进行的奉贤区文学普查和1963年广西民族文学普查组进行的瑶族文学普查都取得了显著的成绩。

1958年以后，各省陆续出版了本省地区的民间故事选集，如《云南各族民间故事选》《吉林民间故事》《安徽民间故事》《湖北民间故事传说集》和《龙灯：华东民间故事集》，初步展示了中国不同地区多样化的民间故事。贾芝和孙剑冰主编的《中国民间故事选》主要集中了20世纪50年代和60年代收集和整理的中国民间故事，并体现了我国阶段性的文化研究成果。作家出版社于1958年出版了第一集，包括30个民族的121个民间故事；于1961年出版了第二集，包括31个民族的125个民间故事。

民间曲艺是中国特有的多种说唱艺术的总称，是一种中国传统的民间艺术，在群众中具有很大的影响力。民间文学起源于古代的民间故事、轶事和叙事诗。宋朝时，曲艺艺术蓬勃发展，说话、鼓子词、诸宫调、唱赚等形式流行一时。在清朝，曲艺作品的类型和剧目都有所增加，为今天流行的各种形式的说唱艺术奠定了基础。中华人民共和国成立后，党和政府高度重视民间曲艺的发展。1959年后，陈云对评弹艺术做了大量研究，从现实的角度出发，分析了评弹艺术的历史和现状，提出要正确地看待传统书目的存在意义和看重传统艺术的创新，并强调评弹创作一方面要研究传统书目，另一方面要不断创造出新的书目。他还提出了不能忘记曲艺在人民群众生活中发挥的娱乐作用的重要意见,并反复强调曲艺是具有传统文化底蕴和群众基础的艺术,必须得到充分的发展。

1949年7月,中华全国文学艺术工作者代表大会在北京召开,会议决定成立中华全国曲艺改进会筹备委员会,主任由王尊三担任,连阔如、赵树理任副主任。1950年1月,老舍、李伯钊、赵树理、王亚平等人创办《说说唱唱》杂志,并负责日常的运营工作。《说说唱唱》是以发表说唱文学为目的的全国性刊物,杂志中蕴含了大量的鼓词、快板、评书、相声等曲艺作品。1953年,中国曲艺研究会成立,1958年8月改名为中国曲艺工作者协会,1979年10月再次改为中国曲艺家协会。1957年1月,创办《曲艺》杂志,这是一份全国性的学术刊物,主要刊登新的戏曲作品和研究文章。

(二)少数民族非物质文化遗产的保护

中国是一个多民族的统一国家,汉族和55个少数民族共同形成了丰富多彩、独具特色的中华民族文化和艺术。丰富多彩的少数民族文化是中国文化宝库中的重要组成部分,因为它们组成了中华民族辉煌的历史文化。中国的少数民族文化有各种各样的表现形式和艺术类型。少数民族的风俗习惯、服饰饮食、民间传说、游戏竞技、民间信仰等活动,都反映了不同少数民族千百年来延续发展的社会生活,是凝聚了各民族文化价值的体现;少数民族的神话、传说、史诗、歌曲、故事、民间音乐、民间舞蹈、民间工艺等艺术丰富多彩,是中国非物质文化遗产的瑰宝,这些都是中国非物质文化遗产的精华。

20世纪50年代开始,党和政府组织民族工作者对民族民间文化艺术和少数民族的历史、语言、风俗习惯进行了广泛而深入的研究,开展了许多抢救和保护少数民族非物质文化遗产的工作。

1954年起,工作者开始在全国范围内对民族群体进行研究和鉴定,在取得一定成果后,1956年全国人大民族委员会和国务院民族事务委员会组织1 000多名民族工作者和专家组成16个调研组,对全国各少数民族的历史和社会文化状况进行了一次大规模的调查研究,这次调查的规模在中国的历史上是空前的,收集了数千万字的调研资料和许多珍贵的民族民俗物品。1958年,中国科学院民族研究所的学者和中央民族学院、北京大学的师生到16个省区的少数民族地区进行社会和历史调查,编写了少数民族简史、民族自治地方概况等相关的三套书。为了完成中国科学院文学研究所组织的中国少数民族文学史和文学概况丛书的编撰任务，来自云南、贵州、广西等省区的民俗学家、教师和学生，前往少数民族地区开展调研，记录民族文学和民俗风情。

通过对全国范围内少数民族的深入研究，发现了许多少数民族文学作品，收集了大量的少数民族文化和民俗资料，撰写了许多有科学价值的研究报告，为保护少数民族文化遗产做出了贡献。例如，《四川省凉山彝族自治州彝族社会调查》（1957年）和《广西大瑶山瑶族社会历史情况调查》（1958年）都是由全国人大民族委员会编印的，中国科学院民族研究所贵州少数民族社会历史调查组、中国科学院贵州分院民族研究所编印的《贵州省黔东南舟溪地区苗族的生活习俗》（1963年），中国科学院民族研究所内蒙古少数民族社会历史调查组编印的《蒙古族简史》（1963年）和《蒙古族简志》（1963年）。作为少数民族社会历史研究的一部分，《黎族》《佤族》《大瑶山瑶族》《赫哲族的渔猎生活》等反映少数民族生活的纪录片也相继制作出来，为研究少数民族民俗文化提供了宝贵素材。

收集、记录和保存少数民族文化艺术的内容，已成为开展中国非物质文化遗产工作的重要组成部分。党和政府采取各种有效措施保护少数民族的文化艺术，使少数民族的文化艺术遗产得到更好的保护和发扬。例如，少数民族的民间文学丰富多彩，各种史诗、神话、传说、故事、歌曲代代相传，在我国文学艺术领域占有重要的地位。少数民族世代传唱的英雄故事是一种口头文学遗产，如维吾尔族的《乌古斯传》、赫哲族的《满斗莫日根》、哈萨克族的《阿勒帕米斯》、布依族的《开天辟地》、傣族的《召树屯》、佤族的《葫芦的传说》、纳西族的《创世纪》、彝族的《铜鼓王》等。对这些英雄故事的收集、编纂和研究工作取得了巨大的成功。藏族的《格萨尔》、蒙古族的《江格尔》、柯尔克孜族的《玛纳斯》是三个最有名的少数民族英雄史诗，不仅在中国有着极大的名气，甚至在世界上都很有影响力。党和政府对保护三大英雄史诗的工作表示赞赏，并成立了专业的工作小组，对史诗流传地区进行深入的分析和调查工作，对创作史诗的著名民间艺人进行数据的录入，并致力于史诗文本的调查、收集、翻译和出版。

（三）新时期的非物质文化遗产保护工作

1. 非物质文化遗产保护工作的复兴

党的十一届三中全会召开之后，民俗学研究又有了新的活力。1979年12月，顾颉刚等7位教授写于1978年的《建立民俗学及有关研究机构的倡议书》在《民间文学》上刊登。20世纪80年代初，辽宁、吉林、浙江、江苏、广东、安徽等省相继成立了民俗学官方研究的机构；辽宁大学、牡丹江师范学院、苏州大学、北京大学、河南师范大学、东北师范大学、中央民族学院、北京师范大学、中山大学等高等院校逐步开设民俗学的相关课程或成立民俗学的社团。

1979年10月，中国民间文艺研究会恢复了正常的工作秩序，继续收集、出版和研究民族民间文化。在几年的时间内，中国民间文艺研究会分会在除中国台湾外的中国各省、市、自治区都相继建立或设立，到20世纪90年代初，研究会的会员已发展到3 000多人。1979年11月，中国民间文学工作者第三次代表大会在北京召开，这次会议召开的目的主要是总结过去民间文学工作的经验，为下一步工作的开展制订相应的计划。会议制订了各民族民间文学工作的十年规划，决心在民间文学研究方面下功夫，迅速恢复和完善民间文学工作机构，建立民间文学数据库，加强各国之间的文化交流，并要求加强恢复和保护各民族的民族文化遗产工作的力度。贾芝在大会的工作报告中强调，"各民族的民间文学资料是国家的文化瑰宝，所有民俗工作者应该形成保护国家文化的根本观点"[1]。

在政府的积极支持下，众多的有关民族民间文化遗产研究和保护的学术机构相继成立，促进了民间文艺学和民俗学调查、整理、研究工作的深入开展。例如，1980年5月，苏州评弹研究会成立；7月，中国红楼梦学会成立；8月，辽宁抚顺市故事工作者协会成立。1984年，中国俗文学学会、中国神话学会、中国歌谣学会、中国楹联学会、中国少数民族音乐学会、中国新故事会、中国三国演义学会等相继成立。1987年，中国戏曲学会、南戏学会成立。与此同时，各地还创办了许多民间文学和民俗文化报刊，刊登了大量的民间文学作品和介绍民俗知识、研究民俗学理论的文章。除中国民间文艺研究会主办的《民间文学》《民间文学论坛》外，尚有上海的《民间文艺季刊》《故事会》和《采风》，天津的《民风》，浙江的《山海经》，福建的《海峡民风》《故事林》和《福州传奇》，吉林的《民间故事》，河北的《民间故事选刊》，河南的《故事家》，山东的《新聊斋》，湖南的《楚风》，云南的《山茶》，贵州的《山花》，四川的《巴蜀风》，新疆的《天山》，西藏的《西藏民俗》，内蒙古的《塞风》，等等。

---

[1] 贾芝. 新中国民间文学五十年[M]. 北京：大众文艺出版社，2004.

2.《中国民族民间文艺集成志书》的成就

《中国民族民间文艺集成志书》被称为"中国文化长城",此书的编辑是新时代非物质文化遗产保存和保护的重要成就之一。

1979年,文化部和国家民族事务委员会、中国音乐家协会首先开始《中国民间歌曲集成》《中国戏曲音乐集成》《中国民族民间器乐曲集成》和《中国曲艺音乐集成》等书的编写工作,并于1981年12月29日至1982年1月2日的中国民间文艺研究会的工作会议中,提出根据普查结果出版《中国民间故事集成》《中国歌谣集成》和《中国谚语集成》的决定,此决定最终列入会议决议。这项规模庞大、要求极高的非物质文化遗产保护工程,在几年的筹备工作之后,于1984年开始着手动工。

1984年5月28日,文化部、国家民族事务委员会和中国民间文艺家协会联合发出《关于编辑出版〈中国民间故事集成〉、〈中国歌谣集成〉、〈中国谚语集成〉的通知》和《关于编辑出版民间文学三套"集成"的意见》,要求在全国范围内集合人才的力量,进行民间文学的编纂工作,在编纂的过程中要统一编选的范围、方法和措施、组织、经费和出版等问题。

1986年5月,在第三次全国民间文学集成工作会议上,当时的全国艺术科学规划领导小组组长周巍峙宣布,在全国社会科学规划领导小组允许的情况下,中国民间文学三套集成与其他七套艺术集成志书一起成为"十套文艺集成",并被确认为国家"七五"计划的重点项目。此后,十套《中国民族民间文艺集成志书》的收集、整理、研究和出版工作正式开始,作为20世纪末中国非物质文化遗产研究和保护的一项重要工程而载入史册。

《中国民族民间文艺集成志书》涵盖了民间文学、民间音乐、民间舞蹈、戏曲、曲艺五大艺术类型的共十个领域,旨在通过编纂《中国民间歌曲集成》《中国戏曲音乐集成》《中国民族民间器乐曲集成》《中国曲艺音乐集成》《中国民族民间舞蹈集成》《中国戏曲志》《中国民间故事集成》《中国歌谣集成》《中国谚语集成》《中国曲艺志》10部大型丛书的工作,对中国民族民间艺术资源进行全方位的搜集、整理和研究。由文化部领导的全国艺术科学规划领导小组负责编写、审查和出版"十套文艺集成"。

二、中国非物质文化遗产保护的现代形势

（一）中国非物质文化遗产保护现状

为了更好地保护世界各民族的传统文化，推动世界文化的持续发展，1998年11月，联合国教科文组织通过了《宣布人类口头和非物质遗产代表作条例》这一规定，并于2000年4月启动了"人类口头和非物质遗产代表作"系列的项目活动。之后，教科文组织通过了《公约》，并通过国际公约的方式对世界各国人民的非物质文化遗产进行保护和发展。我国政府也逐渐意识到在现代化进程中保护和发展民族传统民间文化的重要性，并积极参与到国际非物质文化遗产保护的工作中去。

1.制定政策法规，确定方针、原则、目标

1997年5月20日，国务院颁布了《传统工艺美术保护条例》，提出"国家对传统工艺美术品种和技艺实行保护、发展和提高的方针"，并对传统工艺美术进行了界定，也就是"百年以上，历史悠久，技艺精湛，世代相传，有完整的工艺流程，采用天然原材料制作，具有鲜明的民族风格和地方特色，在国内外享有声誉的手工艺品种和技艺。"国家制定了传统工艺美术的保护规定，采取了及时并且高效的保护措施，成立了评审机构，开展"中国工艺美术大师"评选工作，这是正确保护传统工艺美术的一项重要举措。2005年3月26日，国务院办公厅发布了《国务院办公厅关于加强我国非物质文化遗产保护工作的意见》（以下简称《意见》），在政策的层面上明确提出了保护非物质文化遗产的重要性、工作的目标、方针和工作原则。这项工作的目的是通过社会层面的努力，逐步建立起比较完整的中国非物质文化遗产保护体系，使我国具有历史、文化和科学价值的珍贵和濒危的非物质文化遗产得到有效保护、传承和发展。其基本指导方针是首先要抢救、保护、合理利用和发展非物质文化遗产。工作原则是政府加强治理、公众参与、明确责任、建立合力；长期规划、逐步实施、突出重点、讲求实效。《意见》提出建立国家、省、市、县四级非物质文化遗产代表作名录体系，逐步建立起比较完整的、具有国际和民族特色的非物质文化遗产保护体系。

2007年，国务院法制办和文化界代表到云南、福建等地，就非物质文化遗产保护的立法工作进行了专题调研，并为起草非物质文化遗产保护法进行前期的准

备和调查工作。非物质文化遗产保护法的草案于 2010 年 8 月 23 日提交全国人民代表大会常务委员会审议，2011 年 2 月 25 日，第十一届全国人民代表大会常务委员会第十九次会议表决通过了《中华人民共和国非物质文化遗产法》，规定这部法律于 2011 年 6 月 1 日起开始施行。这部法律的通过有利于保护和发展中华民族优秀传统文化，有助于进一步加强非物质文化遗产保护工作的开展。

2. 实施保护工程，完成普查工作

2004 年 4 月 8 日，文化部、财政部在《关于实施中国民族民间文化保护工程的通知》（以下简称《通知》）中强调，要充分认识实施文化保护工程的重要性，并要加快工作的进程。《通知》指出，"保护工程"是政府在目前已取得的民族文化保护工作成果的基础上，结合新时期出现的情况和特征，组织实施的对具有历史、文化、科学价值的珍贵、濒危民族传统文化进行有效保护的系统工程。

"保护工程"将开展一系列有实践意义的保护措施，以拯救和保护具有重大历史和文化价值并有可能消失的民族民间传统文化项目。典型的例子包括成立"振兴京剧指导委员会"和"振兴昆曲指导委员会"两个官方的机构，以及设立国家专项基金，实施拯救、保护和支持京剧和昆曲艺术发展的项目。试点项目是"保护工程"要开展的主要任务之一。经过科学的测试工作，专家确定了 40 个国家性的保护试点项目，包括 6 个区域性的大型试点项目，如云南省、江苏省苏州市、湖南省湘西土家族苗族自治州等，以及 34 个专业试点项目，如新疆维吾尔木卡姆、北京京西古幡乐、安徽花鼓灯、青海热贡艺术、天津杨柳青木版年画等。"保护工程"试点工作开始后，随着非物质文化遗产保护不断与国际接轨，"非物质文化遗产"一词在中国已经取代了"民族民间文化"一词。

3. 建立保护制度，完善保护体系

在党中央、国务院的推动下，在地方党委、政府的指导下，在各级文化部门的积极努力下，在社会各界的广泛参与下，中国的非物质文化遗产保护工作取得了快速的发展，并从一开始就建立了具有中国特色的非物质文化遗产保护体系。

我国在建立国家、省、市、县四级非物质文化遗产代表作名录体系的方面已经取得了一定的成果。根据《国务院办公厅关于加强我国非物质文化遗产保护工作的意见》精神，在 2005 年开始了第一批国家级非物质文化遗产代表作名录的检验和申报工作。2006 年 5 月，国务院正式颁布了第一批国家级非物质文化遗产名录（共518处），这是中国非物质文化遗产名录体系建设的重要里程碑。2005年10月，文化部发布了《国家级非物质文化遗产保护与管理暂行办法》，暂行办法的实施能够加强我国各级政府对非物质文化遗产名录项目的保护和管理工作，对国家级非物质文化遗产项目的具体保护单位、申报组织者和管理方法等方面提出了清晰且具体的规定。

确定非物质文化遗产的传承人在非物质文化遗产保护的过程中具有重要的作用。2007年6月、2008年2月、2009年5月和2012年12月，文化部分别公布了第一、第二、第三、第四批国家级非物质文化遗产项目代表传承人的名单，包括民间文学、杂技与竞技、民间美术、传统工艺、传统医药、民间音乐、民间舞蹈、戏曲艺术、民间医药等10个类别，一共1986名传承人。2008年，文化部制定了《国家级非物质文化遗产项目代表性传承人认定与管理暂行办法》，对能够列入国家级名录的代表性传承人的认定标准、权利、义务和资金支持等作出了明确规定，以进一步完善和提高对非物质文化遗产的保护工作。已经认定的国家级名录项目的代表性传承人，文化部门将通过登记和收集技艺信息、提供传承场所、资助传承活动、组织宣传交流、收集代表性作品、建立档案和数据库等方式，积极支持认定的代表性传承人开展传承活动。

文化生态保护实验区以保护非物质文化遗产的目的为基础，对具有丰富历史遗产、保存状态良好、具有文化价值和具体的特定文化形态进行整体保护，文化生态保护实验区是以促进社会整体协调发展而划定的特殊区域。文化生态保护区作为一种创新的机制，从2007年6月到2012年5月，已经陆续建立了12个国家级的文化生态保护实验区，即闽南文化生态保护实验区、徽州文化生态保护实验区、热贡文化生态保护实验区、羌族文化生态保护实验区、客家文化（梅州）生态保护实验区、武陵山区（湘西）土家苗族文化生态保护实验区、海洋渔文化（象山）生态保护实验区、晋中文化生态保护实验区、淮水文化生态保护实验区、迪庆民族文化生态保护实验区、大理文化生态保护实验区和陕北文化生态保护实验区。

国务院设立的"文化遗产日"，是为了提高全民族的文化自觉性和营造全社会保护文化遗产的氛围。2006年以来，文化部和地方文化部门利用"文化遗产日"和各个中华民族的传统节日，举办了关于非物质文化遗产的展览、研讨会和讲习班,目的是进行传统文化的教育宣传工作。文化部组织了一些活动,如"中国非物质文化遗产保护成果展演""中国非物质文化遗产传统技艺展"和"中国少数民族传统音乐舞蹈展"等类似的主题活动。此外,还利用报刊、电视和互联网等多种媒体广泛宣传传统文化的内容,增强全社会对非物质文化遗产的保护意识,文化部还积极与教育部门合作,使非物质文化遗产与传统文化教育和爱国主义教育相融合。

(二)中国非物质文化遗产的衰微

由于我国不断推进现代化进程和社会发展,我国越来越意识到非物质文化遗产的重要作用,国家和社会也在加强对非物质文化遗产的保护力度。但是,许多传统技艺也处在濒临消亡的边缘:大量记录民族文化遗产的文物和资料被毁或丢失不见,非物质文化遗产的传承人要么改行,要么不再进行非物质文化遗产的相关工作,非物质文化遗产的影响力不断下降。非物质文化遗产消失的速度越来越快,周期性也越来越短,保护的速度跟不上消失的速度,这就让保护工作处在一个较为尴尬的境地。

1. 农耕文化系统的逐步崩溃与城市化进程的强烈冲击

农耕文明体系的逐渐解体和城市化的强烈冲击是导致非物质文化遗产衰落的主要原因。中国是一个农业非常发达的大国,在古代,农业(包括渔猎和游牧)是最主要的生产方式,它依赖于大陆的自然资源。我们在这里可以回忆原始文化中非物质文化遗产的产生,当时的非物质文化遗产是在长期的农耕文明社会环境中产生和传播的,在中国农村的社会文化结构中按照文化发展的规律发展和传承,不仅在民俗传统、技能技巧等方面反映了当时农业社会的文化发展进程,而且也见证了几千年来农耕文明中形成的伦理道德和价值观。它是农耕文明独特性的具体体现,反映了农业社会中农民的世界观和人生观,反映了历史悠久的农业社会的生产生活和实践情况,具有丰富的人文精神和悠久的传统。非物质文化遗产与所处的时空、环境、经济体制、社会制度、价值观念、宗教信仰、伦理道德、科技水平、认知水平等因素相互依存,共同构成一个相对稳定的农耕文化生态系统。长期以来,在一个庞大的农村社会中,自然农业和农耕文化没有从根本上出现变化,在这个稳定的体系中,非物质文化遗产得到了发展和繁荣的机会。同时,非物质文化遗产的发展在很大程度上依赖于其产生的民族、地区和文化环境，非物质文化遗产要在社会中生存下去，还必须对农耕文明生态系统产生积极的作用，最好有利于农耕文明生态系统的平衡和稳定发展。文化生态系统内的各个因素应该能够实现和谐的发展，并且能够处在一个稳定的状态下，如果非物质文化遗产所依赖的环境严重退化，当前环境中的文化条件也就不适合非物质文化遗产的生存和继承，就算非物质文化遗产在曾经的社会条件下得到发展，也会慢慢走向消亡。司马云杰在其《文化社会学》一书中提到，价值观、社会组织、经济体系、科学技术和自然环境的变化会使原有文化生态系统产生变化。当前的工业文明引领的全球化、现代化和城市化浪潮与农耕文明发生了根本性质上的冲突，农耕文明在这场冲突中处于不利地位，会慢慢地失去文明生存和繁荣的环境。非物质文化遗产赖以生存的农耕文明和宗法社会的环境已经开始有了弱化的倾向，人类社会的价值观、经济体制、社会制度、科学技术和自然环境也发生了重大变化。自然和社会生态系统需要保持在稳定的环境中，以维持发展的平衡，如果变化的程度超过了环境能够承受的范围，生态的平衡就会被破坏。由于现代社会的巨大变化，中国非物质文化遗产赖以生存和发展的生态环境会迅速崩溃，非物质文化遗产存在的环境也会逐渐丧失平衡的状态，导致维持和传承的非物质文化遗产的早期农耕文明生态系统迅速崩溃。随着农耕文明的结束，农业时代培养和继承的非物质文化遗产也会随着时间的推移而减少。

但是政府所出台的保护性文件并不都能够很好地落实，因为当下的城市化是以经济发展为目的的。事实上，我们经常看到农村和土地的消失及高楼大厦的崛起，这个过程往往伴随着遗产和传统的流失。城市化导致大部分农业用地消失，原住民人口流入城市，传统村落数量迅速减少。同时，农村生产和生活方式的转变导致一些传统习俗迅速改变或者消失，许多文化遗迹被无意识地抹去，大量中青年农民进城务工，直接打破了地方文化的传承链。总的来说，中国的传统农村景观正在淡化，甚至走向消失，非物质文化遗产的生存环境正在被破坏。这导致许多村庄还没有来得及总结和概括出农耕文化的精华就走向了瓦解。但我国大部分的非物质文化遗产都存在于农村，如少数民族地区的非物质文化遗产，都位于农村地区。随着村庄的解体，这些非物质文化遗产逐渐失去了生存的基础，也开始走向消失。农耕文明创造的非物质文化遗产在被识别和记录之前就被工业文明的洪流卷走了。我们个体和社会都不可能阻止现代生活的进步,也很难大规模地保留下非物质文化遗产的原始环境。随着城市化进程的推进,非物质文化遗产失去保护似乎已经成为一个不可避免的现实。

2. 活态"非遗"传承的脆弱性

与物质文化遗产的实体状态不同,非物质文化遗产不能以物质世界的具体物品为依托,而是依靠人们自觉的文化选择和保存,是民族个性和民族审美习惯的鲜明体现。非物质文化遗产以人为存在的基础,使用声音、图像和技能作为表达的手段,并保存在代代相传的文化记忆中。这就是为什么"人"在非物质文化遗产传承过程中特别重要。长期以来,非物质文化遗产是通过师徒间口传的方式传承下来的,通过一代又一代的人接力才能够把非物质文化遗产发扬光大。有三种具体的继承类型:第一种是家族的继承,即上一代的相关传承人将其技能和经验传给下一代,代际的关系通常是由血缘关系来连接的;第二种类型是师徒之间的关系,这种关系对家庭—家庭的传承有所颠覆,是上一代的传承人和下一代传承人之间的双向选择,而不是基于亲属关系来传承非物质文化遗产;第三种关系不太常见,在非物质文化遗产的特定文化氛围中,传承人没有进行系统的学习,而是从环境中学习到了非物质文化遗产的制作手艺。一般来说,在这三种情况中,前两种情况是人们经常见到的。这种历史代代相传的方式使得保护和延续遗产成为可能。

从非物质文化遗产传承的角度看,我们通常只看到师徒、父子之间的关系,但实际上,每一个工艺的生产都是一个完整的产业链,涉及从研发到选材、生产、包装、推广、销售等多个阶段,制作只是其中的一个阶段。传统工艺和传统材料是这个产业链中最主要的资源。在过去,师傅或公司都要求比较高的保密性,如他们的技能只传给男性,但不传给女性等。如今,虽然要求那么陈腐,但保留自己手艺的特殊性仍然很重要。手工制造和机器之间最重要的区别是,产品的质量和工艺在很大程度上取决于个人的技能、经验和观念,除非通过言传身教的方式,否则很难将这些东西传给下一代的传承人。一方面,由于传统习俗和观念的负面影响,一些民族传统的非物质文化遗产技艺,如手工艺,往往是一脉相承,没有大量的传承人,甚至由于种种原因,为了避免民族传统技艺的泄露,对传承人的性别进行严格限制,以防止技能的外传和泄露。如果由于某种不可预见的原因,这种单一的继承关系被打破，就很难重新建立非物质文化遗产的传承链，可能就会导致非物质文化遗产的消失。这是大量非物质文化遗产流失的一个重要原因。另一方面，随着社会的变化，一些具有民族群体传承特点的非物质文化遗产，也有可能因为社会的变化消失。

在传统和现代的概念之间似乎存在着一种对立的关系，并形成传统的思维定式，这导致了许多民族的非物质文化受到了巨大的破坏和改变。在当前变革和转型日益加剧、经济至上和功利主义占据社会的时代，非物质文化遗产没有经济效益和明显的社会影响，所以会被社会上的人们所抛弃，与农业时代不同，现在没有人愿意教，也没有人愿意承担传承的重任，这是非物质文化遗产所面临的尴尬境地。非物质文化遗产和人类社会活动息息相关，人是非物质文化遗产得以传承和发展的载体，非物质文化遗产没有人继承就会走向灭绝。手艺的师傅找不到学徒，年轻人不愿意静下心来学习手艺，这是目前限制非物质文化遗产传承和发展的一个关键问题。

3. 全球化背景下西方强势文化的冲击

国际社会现在正处于现代化的时代，在现代化的背景下各个国家都加快了交流的脚步。任何国家都不可能与国际社会脱节而保持封闭，中国当然也不例外。在这个相互交流的过程中，文化差异不可避免地出现了，随着文化的冲突和融合，西方文化的入侵越来越引起人们的重视。在全球范围内，文化总是从强国流向弱国，强国的话语权比较大。随着时间的推移，越来越多的国际合作和区域间的经济互动已经逐渐将地球变成了一个连接很紧密的集体。在全球经济一体化的过程中，发达国家往往利用其强大的经济优势，向欠发达的国家输出其强大的文化，包括其价值观。我们可以悲观地进行一个预测，大多数发展中国家和人民、欠发达或不发达地区将成为全球化的被动接受者，并在这个过程中被边缘化[1]。此外，在销售其文化产品并赚取巨额利润的同时，西方国家正竭尽全力通过隐蔽的文化入侵来输出其政治、文化和价值观，这是维持其霸权的一个基本战略。文化入侵具有非常严重的后果，其本身也是一种侵略的手段，有别于文化的交流和融合。文化融合是一种文化交流的形式，是由两种或更多的文化在交流的过程中相互影响、相互学习。文化入侵显然是一种较强文化的统治表现，它对被入侵者造

---

[1] 赖纳·特茨拉夫. 全球化压力下的世界文化[M]. 吴志成, 等译. 南昌: 江西人民出版社, 2001.

成了一定程度的损害,并不是另一种文化的自愿表达。如果在战争时期,一个国家强行改变另一个国家的教育制度,强迫新一代学习入侵国的语言和文字,这就是文化入侵的典型表现;如果在和平时期,发达国家垄断发展中国家的文化市场,改变该国家人民的习惯和风俗,破坏其文化遗产的传承,这就是隐蔽性质的文化入侵。随着互联网技术的进步和互联网时代的到来,这种文化入侵变得更加凶猛。互联网本身是文化传播的工具和渠道,可以弥合文化的隔阂,促进文化交流,但其快速发展也为文化入侵提供了更加方便的机会。

在国内市场包括文化市场逐步开放的背景下,西方的"强势文化"正通过各种渠道渗透到日益开放的中国,西方社会的价值观和生活方式正以各种方式传播到中国社会,在让我国人民生活更有趣味的同时,也逐渐侵蚀了民族的自信心和自豪感,导致我们的民族文化认同感下降,这已是不争的事实。作为一个发展中国家,中国正面临文化贸易逆差的巨大挑战,这种现象延续下去甚至可能威胁到我们的文化主权安全。面对巨大的文化冲击,非物质文化遗产逐渐失去了原有的存在的条件和社会环境,加剧了非物质文化遗产在中国的流失。现在,各种外国快餐、外国的节日层出不穷,一些人宣扬国外的价值观,"民族劣根性"等破坏我国民族自豪感的话题浮出水面,一些青少年对这些文化无动于衷,崇洋媚外之风大行其道,这些都是文化入侵的具体表现形式。我们不反对正常的文化交流,但这种单方面的文化入侵是不可接受的。如果霸权主义持续侵蚀和摧残我国非物质文化遗产的社会环境,我国民族自豪感也会消失殆尽。

(三)中国非物质文化遗产的现存矛盾

今天,中国的非物质文化遗产正在大量消失,甚至连保护非物质文化遗产的基本目标都还没有顺利实现,更不用说进行传承的工作了。这就要求我们在肯定传统保护理念和做法的基础上,考虑到时代和社会的演变,寻求更符合社会进步和市场经济发展的思想和保护理念。在社会主义市场经济条件下,我们需要通过正规、系统的产业化链条,将可开发的非物质文化遗产引入市场的环境中,研究非物质文化遗产在市场环境下的生存价值,以实现对非物质文化遗产系统和全面的管理、开发和保护。只有这样,才能使其走出禁锢,获得新的生机和活力。目前,中国正处于现代社会和市场经济的双重发展时期,相关的公共机构、企业和个人在保护和传承非物质文化遗产方面已经取得了一些经验和成果。但与此同时，上述公共机构和经济组织或个人在保护和发展非物质文化遗产方面也遇到了许多理论上的困境和问题，这些理论问题在一定程度上具有代表性和普遍性。这也将有助于规范和指导非物质文化遗产传承人在未来发展中的行动，有助于国家改革的健康产业化。

1."非遗"开发与知识产权保护模式的冲突

在如何从法律的角度保护非物质文化遗产这个问题上，国内外学术界普遍倾向在非物质文化遗产领域引入"知识产权"保护的概念，但在运用现有知识产权法保护非物质文化遗产的产业化进程中，仍存在理论障碍和法律缺陷。知识产权是人们对其知识产品、商标和业务等内容具有的权利。知识产权的概念起源于西方的工业革命时期，当时的知识产权制度主要包括两类：文学产权和工业产权。而随着工业化和社会的不断进步，知识产权的内涵也在不断发展和变化。今天，法学界普遍认为，知识产权的定义有狭义和广义之分。知识产权的狭义定义包括三个主要部分，即版权、专利权和商标权。这也是知识产权的传统含义。知识产权的广义定义除上述权利外，还包括一系列广泛的权利，如邻接权、商号权、产地标记权等。例如，联合国下属的世界知识产权组织（WIPO）在其《成立世界知识产权组织公约》中提到，知识产权应广泛包括文学、艺术和作品的权利；人类活动所有领域的发明权利；科学发现的权利……以及工业、科学、文学或艺术领域的智力活动所产生的所有其他权利。

作为知识活动的过程和知识活动的结果，非物质文化遗产与知识产权存在着非常密切的联系。从本质上讲，非物质文化遗产源于人类的社会实践，是人们通过对自然和社会的理解和改造而形成的认知和知识，也能够在漫长的历史进程中得到传承和发展，形成一个群体、一个民族或一个国家的独特文化代表。换句话说，非物质文化遗产是人们在长期的社会实践中创造的智力成果和精神财富。与非物质文化遗产一样，知识型产品是人类通过对自然界的认识和改造而创造的智力和精神产品，两者本质上都是运用智力产生的内容，具有高度的相似性。

目前，国内外的学者都形成了一个共识，即非物质文化遗产作为知识创造的一种特殊形式，应该受到法律体系的保护。《中华人民共和国专利法》和《中华人民共和国商标法》都是对我国非物质文化遗产的法律保护，这些法律曾被认为是对非物质文化遗产保护和发展的可靠法律保障，并取得了很大成功。然而，随着时间的推移，新的问题不断涌现，中国非物质文化遗产保护固有的法律已经不能满足法治社会的要求，主要表现在以下几个方面。

（1）"非遗"的传承主体具有群体性特点，不符合知识产权独占性、专有性的特质

非物质文化遗产在起源、传承和发展方面都具有明显的群体特征。从非物质文化遗产的产业化发展出发，这种难以确定具体权利人的情况，给知识产权制度的完善带来了法律上的困境。现代知识产权法律体系权利主体对其创造性知识成果、相关商标和有商业价值的信息享有专有权，知识产权法特别强调权利主体在创新、发明取得科学发现后依法行使专有权等私有的权利，专有权也就是具有排他性和独占性特点的权利，即只有权利主体可以行使拥有、转让、受益和处分权利的法定权利，未经权利主体许可，其他人不得行使其权利。非物质文化遗产群体的性质和知识产权保护私权的性质，导致了权利主体的定位不一致。在学术争论和法学的纯理论领域，权利主体的不确定性只会导致意见上的冲突和学术的争论，而在产业化的实践中，权利主体的不确定性会导致产业化发展过程中权利、义务和利益等内容出现混乱的情况，进而造成产业利益分配的一系列矛盾，使非物质文化遗产的产业化过程出现困难。

（2）"非遗"的传统性与知识产权制度所保护的独创性、创新性作品不兼容

非物质文化遗产具有传统的本质特征，不符合知识产权法要求有所创新的标准。非物质文化遗产首先是农业社会的历史记忆和民族传统文化的历史积淀，是历史和文化的活化石。知识产权只能保护由人类智力创造的信息，大多数非物质文化遗产在性质上并不创新。知识产权的范围主要是保护发明和创造的智力成果，也可以说知识产权主要的保护范围就是最新的创新性智力成果，只有那些以前从来没有被人创造出来的成果才能享有这些权利。而非物质文化遗产都是具有悠久历史的人民智慧结晶，很多非物质文化遗产不具备创新的特点，有些手工艺品之类的非物质文化遗产，在创建时可能是"创新"的。然而，随着农业社会历史的发展和生产力的不断进步，在工业化和信息技术时代，农业社会的非物质文化遗产并没有在社会发展的过程中有所创新。根据知识产权制度的相关规定，人类社会在漫长的农业时期所继承和发展的非物质文化遗产是一种"积累下来的知识产

品"，属于公共领域的智力成果，任何个人或团体都可以自由和无偿使用，除非它已经受到其他法律的保护。

（3）"非遗"有其自身产生、发展和传承规律，与知识产权相关保护时限的要求有矛盾之处

大多数非物质文化遗产的历史都比较悠久，不符合知识产权中"时间性"原则。大多数非物质文化遗产都是在古代农业社会创造的，历史悠久，有的甚至可以追溯到几千年前，远远超过知识产权产生的历史时间。在目前的保护期限下，非物质文化遗产根本无法得到有效保护。针对这种情况，一些学者主张将知识产权的保护期限延长至非物质文化遗产出现的年限，但这并不能完全解决时间的问题，更不用说文化是一个动态的演变过程。非物质文化遗产作为文化生态的一部分，有其自身的生命周期，不能由法律来规定。由于非物质文化遗产是一个动态的演变过程，在没有认真学习和研究的情况下，人为地延长保护期是不符合文化动态演变规律的。此外，非物质文化遗产的产业化是一个巨大且耗时的过程，企业从非物质文化遗产的挖掘到产业化，再产生经济利益，需要很长的时间来研究非物质文化遗产。如果按照现行法律规定的知识产权保护时限，企业对非物质文化遗产产业化的投资无法得到有效保护和回报，这将严重挫伤和降低相关企业对非物质文化遗产产业化的积极性。

2. "文化入侵"背景下的跨国保护难题

我国从前立法的落后造成了非物质文化遗产保护方面的一些法律空白，在国际文化交流日益频繁的情况下，非物质文化遗产产业化进程中的合法权益难以得到及时的保护。今天，越来越多的国家探索和重视非物质文化遗产的价值，将其作为工业化的重要经济资源，工业化的热潮依然没有褪去。虽然中国在现行知识产权制度下积极加大对非物质文化遗产的法律保护力度，但不可否认的是，知识产权从制度的确定、发展到国际保护，主要由发达国家主导和制定。发展中国家在这一体系中缺乏话语权和主导地位，导致目前的知识产权制度在某些方面存在不公正性。

第三章 非物质文化遗产的传承策略

本章主要讲述了非物质文化遗产的传承策略，主要从以下三方面进行具体阐述，分别是非物质文化遗产传承人的保护，非物质文化遗产的教育传承和非物质文化遗产与可持续发展。

第一节 非物质文化遗产传承人的保护

一、传承人的概念与类型

（一）传承人的概念

国内著名民族学家祁庆富先生系统梳理和分析了"继承和传承人"学术史，并将"传承人"这一概念界定为在具有重要价值的非物质文化遗产的传承活动中，表征为某一遗产的深厚民族民间文化传统并掌握卓越的工艺、技艺和技巧，被社区、团体和族群认可的具有影响的人。笔者对部分专家学者的观点进行梳理，以《中华人民共和国非物质文化遗产法》中关于传承人的要求为依据，界定非物质文化遗产传承人的定义是指能够熟练运用国家或者地方政府确定的不同级别非物质文化遗产项目，且在该领域具有重大影响、被大众接受、能够积极从事传承活动的个人。

通常情况下，非物质文化遗产主要以两种方式进行传承：第一种是由个体传承人进行传承，如口头文学、表演艺术、手工技艺等这种被大众认可的民俗文化；第二种是群体传承方式，如婚庆礼仪和民间节日这类民俗活动，通常都是属于公众集体所有和遵循的民俗习惯，同时还要求人们集体所有代代相传。在第一种传承形式下，个体传承人作为非物质文化遗产的主要传递者和承载者，始创者以其艰辛汗水和智慧结晶创造了非物质文化遗产的精湛技艺与文化传统，并以此为基础代代相传，使我国现代人得以延续非物质文化遗产这一多姿多彩的文化成果。然而，随着社会经济发展，人们生活水平不断提高，对文化产品需求越来越多，而我国现有法律对于非物质文化遗产的保护力度不足。因此，如何有效地解决这一问题就显得尤为重要。在黄玉烨看来，为了维护国家重大利益，国家也可合法地声明其为某民间文学艺术传承人。田文英却主张进入公有领域民间文学艺术作品的传承人、作者等权利应由国家行使。国家还可采取必要措施积极搜集本民族濒临灭绝的珍贵民间文学艺术资料。

那么，哪些非物质文化遗产可以被认定为非物质文化遗产呢？传承人又应该如何来确认其身份呢？目前学术界对此还存在争议。现今对非物质文化遗产传承人问题的研究已成为学界关注的焦点之一。目前，我国主流学者主要从传承人与传承主体两方面对传承人概念进行了研究，并提出了相应的建议和措施来加强传承人权利保护工作。我国是世界上人口最多的民族群体之一。在非物质文化遗产中，最重要的就是传承人，他们代表着一个族群的形象。所以，国家与族群可作为传承人并进行认定，这样更加利于非物质文化遗产保护。

（二）传承人的特征

传承人的特征主要表现在以下几个方面。一是能够熟练运用国家或者地方政府确定的不同层次的非物质文化遗产项目。个体传承人是某一项非物质文化遗产的真正掌握人，须经国家或地方相应主管部门确认并授权。这就要求其具有一定的历史知识和相关专业背景。同时，也要具备较高的职业道德水平。二是这个非物质文化遗产项目具有很大的领域影响力。对传承人拥有的非物质文化遗产工程，不应单纯地认为只是精通某一技艺或某一专长，需切实植根于某一领域，并能在该领域产生重大影响，使之成为文化符号的楷模。这样的一个群体才具备了一定的代表性。而这也就要求每个个体传承人应具有较高的专业素养，以及较强的创新意识和实践能力。三是这项非物质文化遗产项目应要得到大众的认可，并且能够被主动地继承下去。传统文化异彩纷呈、参差不齐，界定的非物质文化遗产应是一种健康的、积极向上的，能够被广大人民群众集体所接受的民俗文化，并且可以作为代代相传的文化成果。作为社会文明集中反映的非物质文化遗产是全人类共同的财富，无论是个体传承人，还是民众族群，他们都是传递优秀民俗文化的使者，应该一以贯之地给予关注，给其营造一个更加美好的工作和生存环境，从而更好地延续和弘扬"非遗"文化。

传承人在家族传承中起着承上启下的作用，同时在继承者与社会传承之间也起着承上启下作用。那么究竟什么是传承呢？我们可以把传承分为四个方面：一是传授技能；二是展示才华；三是传播经验；四是创新发明。每个行业都有自己特定的传承内容。当然，并不仅仅局限于这些范畴。个人技艺的形成是一个漫长而复杂的过程，它需要经过长期的积累才能形成自己的风格，并不断地进行个性化创造。传承人与传承者都应具备博闻强记、心灵手巧等方面的才能，并在此基础上形成自己的独特匠心。

总而言之，在非物质文化遗产领域中，文化传承既不单线地延伸，也不原质地位移，它既衰减也递增，通过创新来实现文化积淀，积淀的核心在于传承者不断创新。因此，在对文化进行保护时不能只考虑传统文化本身，还要把它作为一个整体来研究。只有这样才能实现传承与发展的良性循环。

人类非物质文化遗产与物质文化遗产同为一个民族或者族群的文化与其传统中的重要组成部分，对人类社会、整个民族群体和国家的文化认同、民族精神承续等方面有着非常重要的意义。随着"文化多样性"和"对人类智慧的尊重"理念的提出，人们越来越认识到保护人类非物质文化遗产的重要性。然而，由于人们对非物质文化遗产认识不足及保护意识淡薄等，致使其现状不容乐观。因此，加强非物质文化遗产的研究与保护就显得尤为迫切和必要。非物质文化遗产是一种宝贵的文化资源。而实施非物质文化遗产保护就必须探索并掌握非物质文化遗产的生存特征与发展规律，只有掌握非物质文化遗产生存和发展的本质才有可能实现有效保护。

非物质文化遗产以传承为其生存特征，以演化为其发展规律。非物质文化遗产与物质文化遗产不同，它既具有鲜明的地域性特征，也有着显著的时代性色彩，同时还存在着消亡风险。从某种意义上讲，它既是一种"活态"传承，也是一项系统工程。要做好这项工作，需要有深厚的文化底蕴作为支撑。特别是当社会剧烈变革时，如今天全球化和现代化浪潮中，往往很容易使传承链断裂，甚至无意间就会湮没在历史烟尘中。

传承是非物质文化遗产最根本的特征,传承方式多以口传心授的形式进行,这样某一类非物质文化遗产表现形式才会代代相传、流芳百世、永不泯灭,并在自然淘汰之中逐步形成比较稳定的文化传统或者模式。从这一角度来看,非物质文化遗产的传承主要有两个方面:一是习得与创新;二是传承与创新后的再创造。前者为后者提供了前提、保障和动力。其中,习得为根本,即以前人所授之知识或本领为基础,添加自己的智慧,有发明有创造,从而使得继承之知识或技术由于革新与创造得以增益。

(三)非物质文化遗产传承人类型

事实上,一者,非物质文化遗产中只有少数已纳入各级代表作名录,还有大量未进入名录的,它们也都有相应的传承人;二者,除了代表性传承人,还有非代表性传承人,它们也都是非物质文化遗产传承人;三者,现在各级项目代表性传承人仅限于个人性质的传承人,但有些非物质文化遗产项目是以一种集体或群体方式传承的,其传承人具有集体性或群体性。所以非物质文化遗产传承人应分为代表作项目传承人与非代表作项目传承人,项目代表性传承人与项目非代表性传承人,个体性传承人与非个体性传承人等类型。在日本,就把非物质文化遗产传承人分为个体、团体两类,分别通过个别方式与综合、团体方式认定。周安平、龙冠中在《我国非物质文化遗产传承人的认定探究》一文中,根据非物质文化遗产传承人主体类别的不同把其分为本源性传承人与外源性传承人两类。本源性传承人主要是指非物质文化遗产所在族群内部的传承人,外源性传承人主要是指非物质文化遗产所在族群以外的传承人。

对于上述非物质文化遗产传承人类型中的非代表作项目传承人、代表作项目非代表性传承人、群体传承人、外源性传承人等,国内尚未将其作为一个独立类型进行保护。其实这些没有被列入保护范围的传承人,对非物质文化遗产的继承和发展也起到了非常重要的影响。例如,一些非物质文化遗产的实践,民俗活动、集体舞蹈、传统戏剧、传统音乐演出或传统工艺制作,等等,这些活动都需要团体或集体之间合作来进行,其传承也要靠团体或集体合作来实现。因此,若将这些非物质文化遗产承传者确定为某一个体的承传者,忽略了群体和集体的主体作用,则会人为地割裂了这些非物质文化遗产整体性,导致其含义碎片化。比如,戏剧活动就是由生旦净丑不同人物行当与舞美音乐演职人员共同创造并继承的精神活动，传承人若仅仅被定义为生旦净丑中的任意一个行当，显然不能作为整个戏剧活动的传承人，因此，对这一类人群进行有效的管理和教育是非常必要的。其中最主要的就是建立专门的管理机构。不仅要关注代表作项目代表性传承人，同时也要关注非代表作项目继承人。

二、非物质文化遗产保护与传承人保护的关联

（一）保护传承人是保护"非遗"的关键

对非物质文化遗产传承人进行保护，是非物质文化遗产保护工作的重点。非物质遗产作为一种具有突出能力和价值的资源，在我国有着悠久的历史和丰富的传统文化。

在非物质文化遗产众多的文化内容中，对传承人进行有效保护是保护好非物质文化遗产的关键。在我国目前情况下，由于多种原因，非物质文化遗产面临着严峻挑战。如何使这些宝贵遗产得以有效继承和发扬，已成为摆在我们面前亟待解决的重要课题之一。加强非物质文化遗产代表性传承人保护是保护非物质文化遗产的首要条件。

非物质文化遗产继承人在口头表述非物质文化遗产的历史、事件和技艺时应该十分全面，而这也正是其在传承技艺时首先应具有的能力。完整是个重要的概念，它不在部分，也不在其中的几段，而在整体。此外，它需要表达得非常鲜明，生动表述是情感投入的基础，展示平台是提高知名度的重要手段之一。没有这些条件，再好的展示也只能是空洞无物的表演，而不能成为一种文化现象。平台要由政府给传承人打造，知名度要由媒体引荐并重视，而尊重是前面两个层面水到渠成的产物。

传承人还应具备传承祖先文化的超常能力。传承人所展现出来的文化继承能力，首先体现在其对于祖先文化的传承精神与理念上。传承人的这种文化的承传能力是多方面的。除了一般意义上的口头传授，还包括文字记载和实物保存等方面。在这方面，传承人必须具备一定的条件，即他必须能够完整形象地表达与展示祖先传承文化的核心形态与意蕴，同时还必须具有区别于祖先传承的主要内容，并具备对祖先创造的文化进行创新与发扬的延续性能力。

任何非遗文化的"核心性",皆体现在该传承人身上。对于非物质文化遗产保护和传承而言,最为理想的状态是达到一种"活态"的传承。非物质文化遗产真正处于濒危状态,是因为传承人濒临灭绝。传承人是文化遗产的载体,他们对文化有强烈的认同感、归属感,也有自己独特的生活方式和审美情趣,他们将自己的智慧和情感融入了文化之中。传承人继承了宝贵的文化遗产,而一旦消逝,这一文化若尚未得到传承,那么这种文化将会埋没在历史的长河中。因此,我国可参考国外某些做法,即让传承人既能获得固定待遇,又能担负必要的职责,让其在传授徒弟方面下功夫,并与民俗学者合作出版各种文献,担负起优秀文化遗产保护与传承的重任。

找寻非物质文化遗产的传承人,必须前往文化发祥地。文化发祥地是指在某一特定区域内,所形成的具有某种共同特征文化形态的地域。传承人要生存下去就必须在自己的文化土壤中生存。传承环境、文化空间等方面的问题也是导致非物质文化遗产流失的原因之一,而这些都可以通过开发当地的商业资源来解决。但是,由于缺乏足够的资金支持,仅仅依靠政府的行政拨款或补贴是远远不够的。新文化与传统文化之间的冲突是一个长期的过程,不同的历史时期有不同的"传承人"、不同的文化保护者、不同的传承者,但总体来说还处于起步阶段。中国是一个具有悠久历史的文明国度,拥有丰富多样的非物质文化遗产资源。然而由于种种原因,这些珍贵的遗产却未能得到应有的重视。现在,非物质文化遗产已成为人类共同面临的课题之一。在一些发达国家,由于经济的快速发展,社会的转型及人们生活水平的提高等,民众物质需要和精神需求之间的矛盾日益凸显,这就使得许多优秀的传统文化遗产面临着被破坏甚至消亡的危险。非物质文化遗产保护工作越来越受到世界各国的重视和关注,"保护传承人,弘扬本土文化"已成为共识。遗产保护和开发方面十分重视传承人研究与保护工作,这也为我国本土文化保护和开发工作的全面铺开带来启发。振兴中华不仅要有经济实力的提高,也要有文化的振兴。保护好"活着"的传承人不仅仅是为了保护"遗产",也不仅仅是为了捍卫国家民族文化的厚度与尊严,更重要的是为了保护一份未来所必需的精神财富。

(二)对传承人保护的责任分配

对非物质文化遗产的保护主体,《保护非物质文化遗产公约》(以下简称《公约》）中分为三类：第一是国家，第二是国际组织，第三是个人、群体和非政府组织。而针对我国国内的基本情况，《国家级非物质文化遗产项目代表性传承人认定与管理暂行办法》规定保护主体主要包括政府和传承人，笔者认为应该存在以下三类主体：第一是政府，第二是传承人，第三是专家。依此类推，对传承人的保护主体也可以分为以上三类。

受保护主体多样性的影响，非物质文化遗产保护中各保护主体间存在着利益博弈，而各主体又希望在博弈中实现其利益最大化。具体地说，政府在非物质文化遗产保护工作中，顺利完成了法律法规所规定或上级政府指派的工作，使得保护工作这一政绩被上级政府充分肯定。只有实现了上述目标，各国政府才能进一步奉行《公约》中"维护人类文化多样性"的原则。如果政府在最根本的运作上出现了问题，它怎么可能有能量、有利益来保护非物质文化遗产呢？传承人作为另一种博弈主体，其和政府之间并非博弈对立关系，而是毫无疑问具有影响力，而政府选择战略时也不能不考虑其选择给传承人带来的冲击。如果不能将这一目标落实下来，那么保护就会流于形式。因此，要实现非遗项目的可持续发展，必须解决好传承人的基本生存条件和社会地位等一系列现实问题。传承人做为人必须先求生存，其把握和继承非物质文化遗产直接目的在于求生存，不在于保护，非物质文化遗产创新的目标也在于求生存。而要实现这一目标，就必须解决好传承人的就业问题、社会保障问题和精神支持等方面的问题。因为保护不是一朝一夕的事情，需要长期坚持。否则，非物质文化遗产很容易走向消亡。因此，只有从根本上解决传承人的生存问题后，让其生活上不再有后顾之忧，才能让传承人做好非物质文化遗产的保护工作。但优渥的生活环境也会让传承人失去创新动力，安于现状而不思进取，有可能会使非物质文化遗产成为固定不变的"死文化"。

在现阶段非遗保护方面，专家在保护非遗的过程中利益目的是最弱的，大部分专家的着眼点大多集中于文化研究上，也正由于利益目的被削弱，才使他们在传承人的认定上更具公正性。我国目前已经颁布了一些关于非物质文化遗产保护的法律法规，这对于我国非物质文化遗产保护起到一定促进作用。但是由于一些其他原因，这些法律并不能很好地发挥作用。文化研究为非物质文化遗产的保护提供了重要的理论支持，同时也为非物质文化遗产保护体制的完善奠定了基础。专家在非物质文化遗产保护中发挥着重要作用，但由于缺乏相应的制度，如"专家咨询机构"、专家委员会等,这几种形式都存在一定问题,尤其是在一些大专院校和高等院校。今后应进一步完善保护体制,整合科研力量,夯实保护工作的理论基础,使保护体制更加健全。因此,专家委员会不应仅仅就有关事宜提出意见,在认定传承人时也应具有决定权,同时应在大学内设立保护基地以充分挖掘大学师生资源,这样不仅能培养出相关人才与传承人,也能为非遗保护工作提供文化保障。

传承人的保护从时间段上看,可分为认定过程中与认定之后。政府与专家对认定过程应负较高责任。文化部与财政部共同下发的《关于实施中国民族民间文化保护工程的通知》明确提出"政府主导,公众参与"的方针,要求政府在普查与认定传承人的同时,也应对传承人实施保护,并向贫困传承人提供必要帮助,同时也给其他组织和个体传承人提供一条行之有效的参与渠道。但是非物质文化遗产种类繁多,政府无法对非物质文化遗产的各项目的做到面面俱到,而在非物质文化遗产的保护中,政府行为更多地以完成使命或者创政绩为目的,存在一定被动性,且在认定过程中难以保证中立与公正,因此考察、鉴定工作由专家参与并完成。由于专家比较明确非物质文化遗产项目的标准与规律,可以确保评估过程的专业性。专家通常为该项目的业内权威和代表。在认定后,传承人将成为非物质文化遗产的权利享有者和利益承担者。同时,还需要国家制定相关法律规范保护传承人的权益。对传承人进行专门立法是非常有意义的。传承人确定后,成为非物质文化遗产保护工作的主要责任主体,应发挥其主动性,并在政府的主导和带领下,落实个人职责,主动对非物质文化遗产进行保护。

国家在非物质文化遗产的保护方面对政府责任规定得比较完善,但是法规内容多以义务为主要形式,法规中的激励内容并不多,无法有效地激发政府保护非物质文化遗产的志趣与热情,应尽快构建激励体制,使政府能够站在自己利益角度上,以为人民服务为宗旨,做好保护非物质文化遗产的工作。政府可以采取多种措施,包括提高文化自觉意识,制定相关政策等来调动广大人民群众参加非物质文化遗产保护活动的热情。同时,政府还要加大宣传力度,扩大影响。此外,从政府职责上讲,应强化经费管理。政府应建立专项基金并公开其捐赠渠道,加大公众参与渠道,对其资金来源及使用情况进行有效监管,以便更好地发挥其对非物质文化遗产及传承人的保护作用。

专家在认定非物质文化遗产传承人时要保持自身的公正性,充分利用自己的专业性,认真、负责地去田间村庄调查传承人的资料,即使不能亲自参加,也要充分考证相关材料的真实性,加强非物质文化遗产保护的理论研究,建立有中国特色的社会主义文化保护体制。

在非物质文化遗产保护工作中,传承人保护至关重要,必须对传承人进行保护。政府和专家需要做好传承人的考察和认定工作,厘清考察与认定传承人时的具体步骤及内容,健全非物质文化遗产保护体系。通过完善地方立法技术及其他立法手段的方法,确立非物质文化遗产保护法律制度,明确政府、传承人与专家的各自权责,构建与责任主体利益宗旨相一致的激励体制,以及提高非物质文化遗产保护力度与效率等措施,可以在各方共同努力下逐步打造中国特色非物质文化遗产保护体系。

三、非物质文化传承人的作用与价值

(一)非物质文化传承人的作用

1. 传承人是中华文明的创造者和传承者

人们在谈论文化时,一提到文化名人就马上联想到孔子、孟子等著名思想家。他们的确对中华文明的发展起到了决定性的影响,但在中华文化的发展历程中,除这些先贤的理论外,还留下了许多十分优秀的民族文化遗产——中华饮食、建筑技术、戏剧、舞蹈、杂技、音乐等,同时还有古代工匠流传下来的传统工艺技术、农耕技术、渔猎技术等,显然除了学习孔孟文化的古代读书人,更有一群人对中华文明的产生和传承起到了不可或缺的重要作用。历史上,他们也许没有引起史学家的重视,却偏偏成为当今非物质文化遗产保护工程中需要加以保护的艺人和匠人。

中国人如果想要摸清自己国家的文化家底,在漫长的历史长河找到属于中国的文化基因,如果没有注意到这一部分人,几乎是无法成功的。非物质文化遗产是中华优秀传统文化的重要组成部分,也是我们这个民族宝贵的精神财富。因此,保护和发展非物质文化遗产非常必要。那么这些非物质文化遗产的传承人在一个国家的文化创造和传承中到底扮演了什么角色?

一是非物质文化遗产的传承人往往起着历史传承的作用，尤其对于没有文字记载的民族来说，他们的作用更加重要。他们是维系一个民族生存和发展的重要因素之一。一个民族的历史知识主要靠这些非物质文化遗产的传承人进行传递。

二是在一个民族科学技术发展进程中例如，非物质文化遗产传承人同时又是本民族科技成果创造者与传承者。在中国古代科技发展史上，曾经有许多著名非物质文化遗产传承人都与这些发明有着密切的关系。例如，我国的四大发明：造纸术、指南针、火药和印刷术，主要是由民间的能工巧匠发明和创造出来，他们就是典型的非物质文化遗产的传承者。

三是有一部分非物质文化遗产的传承者在传承科学技术，同时有一部分非物质文化遗产的传承者也是民族文学艺术创作者与传承者。在中国古代文学史上，也不乏以民间音乐、舞蹈、戏剧、曲艺为题材创作并流传至今的文艺作品。它们就是靠这些传承者才能代代相传，成为中华民族传统文化的瑰宝。这些独具审美风格和地域特色的文学艺术形式为以后新文学和新艺术的创作提供了大量的参考资料。

四是非物质文化遗产继承人作为特殊的社会群体，他们不但传承了科学技术、文学艺术和历史知识，也是民族传统道德文化传承的主要媒介。这对于弘扬我国优秀传统文化具有十分重大的意义。当我们欣赏一幅剪纸和年画、一出戏曲、一件艺术品时，人们所能感知的不只是单纯的艺术形式或审美方式，也可以通过这些艺术形式和审美方式领略到雄浑的民族精神及该民族独特的传统道德文化。

2. 传承人在非物质文化遗产保护中的作用

（1）明确非物质文化遗产传承主体的作用

非物质文化遗产以活态形式在民间生存。很多非物质文化遗产项目都属于某一个团体或者个人，同时他们又属于资源所有者，具有排他性，具有"法人"身份。然而，对于非物质文化遗产来说，它本身就是一种遗产形态，具有重要的历史文化价值和艺术审美价值，而不是单纯地属于某一个人或者组织的私有财产。人们习惯按照文物古迹保护这一思路来推断政府应该承担保护非物质文化遗产的职责，把政府看作非物质文化遗产所有者与传承主体。事实上，地方各级政府及政府机关既不可能成为申报主体，也不可能成为传承主体，且有关文件中将"保护单位"修改为"传承单位"，国家对保护单位的扶持资金也应分配给传承单位。

（2）培养非遗传承主体的自觉意识

由于非物质文化遗产项目所有人及传承主体均为政府以外的"公民，法人及其他组织"，故其理应对该项目的传承工作担负相应的责任。然而目前，我国对于传承人的保护还存在许多问题：传承主体地位不明确；传承内容单一、缺乏创新；传承机制不够健全等。这些都不利于传承工作的开展。因此，政府应鼓励并支持传承主体开展非物质文化遗产传承工作。政府首先要做的就是通过对非物质文化遗产法进行宣传来增强公民保护意识，以及从税收和其他方面给予优惠、政策引导和经济支持。

（3）非遗保护应以人为本

我国开始施行非物质文化遗产法之后，我国的非物质文化遗产就进入了依法保护的时期。非物质文化遗产作为一种文化资源，它不仅具有独特的审美价值，而且承载着丰富的精神内涵。因此，要使非物质文化遗产得以更好地传承发展，必须对其进行有效的保护。而传承，则是对它的最好保护方式之一。如何对非物质文化遗产进行科学保护是近10年来非物质文化遗产界积极讨论的话题。如今，人们逐渐意识到：非物质文化遗产项目保护与非物质文化遗产传承人保护这两方面的工作相比，传承人保护应该放在项目保护的首位，财力与物力方面的支持都要倾向传承人。前些年，我国非物质文化遗产的保护工作，是通过制定国家、省、市、县级四个层次的名录拉动政府部门、专家和传承人开展全面的非遗保护工作来进行的，受到了社会认可。伴随着非物质文化遗产保护工作的进一步深入，日益彰显出非物质文化遗产继承人在非物质文化遗产的传承、利用与保护过程中所处的角色与地位，这是任何一种力量都不能取代的。政府保护工作侧重于政策制定、法规建设、资源配置和资金投入等方面，而对具体工程的保护主要靠传承人本人来完成。

（二）非物质文化遗产传承人的价值

非物质文化遗产传承人依靠大量传承项目生存。在这些传承人中有普通民众，也有专家和学者，有从事传统技艺生产经营的，也有专门从事文化创意产业开发的。他们是非物质文化遗产传承人群体中最重要的一部分。从他们身上，可以看到我国历史盛衰与社会变迁。

第三章 非物质文化遗产的传承策略

在非物质文化遗产研究的漫长岁月里，我们国内的有关官员与学者对于这一特殊的文化形式亦有着独到的认识。非物质文化遗产是人们世代相承、与其生活密切相关的各种传统文化表现形式及知识体系的总称。它以物化形态存在于社会实践活动之中，并通过口传心授或其他传承手段得以流传。非物质文化遗产是全人类共同的财富，也是维护人类多样性与延续人类文化不可缺少的重要组成部分。非物质文化遗产作为我国传统文化的精髓，它所蕴含的最深层的东西就是我们民族的最深根源——文化身份、文化的原生状态、文化的思维方式、文化的心理结构、文化的审美观念等等。冯骥才先生还曾经指出：民间文学既是山野文化之精灵，又是作家语言之富矿，它值得勤劳和慧眼识珠的作家去采撷、去运用、去终身使用。可见非物质文化遗产的传承人是非常有价值的。但是，目前学术界对这一问题还缺乏系统且深入的研究。从各位学者的探讨与梳理来看，笔者认为传承人具有四个方面的价值。

一是推动人类文明多样性持续发展。保护和发展非物质文化遗产是弘扬中华传统美德，增强中华民族凝聚力和向心力，实现国家富强和人民富裕的需要。生态文明建设离不开非物质文化遗产的支撑。人类经过了漫长岁月的社会复杂演进，演绎着多种文明形式。任何文明都是本民族的生动象征，它代表了一个民族丰厚的文化内涵。所以，每一个非物质文化遗产传承人的传承工作，就是对维护人类文明多样性的一种贡献。

二是承载着厚重的历史。非物质文化遗产都是在一定的历史条件下产生和发展起来的，特别是一些特殊的族群催生着特殊的族群文化，体现着这些族群特有的族群文化。它们是当地各族人民智慧的结晶，也是当地各民族共同创造的财富，更是一种宝贵的精神财富。我们可以从这些非物质文化遗产项目中，了解到这些族群、区域的文化变迁，也可以了解到区域内人们生产生活水平、道德习俗、思想禁忌等。所以说非物质文化遗产有着沉甸甸的历史价值。在对这些非物质文化遗产项目进行传承时，传承人不知不觉成为这些遗产项目后面沉甸甸的历史见证人。

三是促进科技和文艺发展。非物质文化遗产主要有民间文学、民间音乐、民间戏曲和其他许多的项目。这些项目蕴含了大量的历史、文化、艺术和科学技术知识。在历史上，以非物质文化遗产项目来促进科技文艺进步的例子数不胜数，如我国古代发明的造纸术、火药、指南针等。这些都是人类在长期生产实践中创造出来的宝贵遗产，是劳动人民智慧的结晶，具有很高的科学价值和使用价值。这些手艺与工艺一经产生，便可以很快地转化为生产力，推动当时的社会前进。非物质文化遗产的传承者，也成为社会进步的"助力"者。

四是推动了经济发展。近年来，非物质文化遗产经济价值日益受到重视。非物质文化遗产是劳动人民智慧的结晶，它以其独特的文化魅力成为人类宝贵的精神财富。在当今社会，非物质文化遗产已经融入社会生活的各个方面，发挥着重要作用。许多非物质文化遗产项目已经成为经济发展的助推器。音乐、戏剧、旅游、电视电影和传统工艺领域的专家可以从中吸取非物质文化遗产的营养，以充实他们的创作，使其创作成果进入市场。这些创作成果，得到广大人民的肯定。善于把握经济发展商机的非物质文化遗产继承人，以他们的工艺与技术，创造了大量财富。

四、非物质文化遗产传承人面临的困境和挑战

非物质文化遗产继承人作为传统文化承传者，在现代社会有边缘化倾向。在历史上，因为决定社会的话语权通常掌握在倡导社会变革的人手里，其倾向在于不想保留过多的过往历史痕迹，只想留下属于自己的烙印。所以在很多情况下，对于传统文化都会有意地采取漠视甚至压制的方式。历史前进的步伐，须臾不可停歇。在经济全球化进程日益加快的今天，农耕文明已经逐渐从现代人的生活中退出并呈消亡之势，致使非物质文化遗产所依赖的环境遭到极大破坏。目前，我国已经初步建立了较为完善的保护体系，但是非物质文化遗产的传承人也遇到了诸多的困境。总体上看，时代背景的变化引起了国家政治、经济、文化各个方面的变化，这也是非物质文化遗产继承人遭遇传承困境的深层次原因。这一变化产生了三方面的影响。

第一，就国内形势而言，20世纪上半期我国历经由近代封建统治到资本主义民主制的尝试时期再到中华人民共和国的成立，长期政局动荡使处于社会底层的民众不能安定生活，特别是很多非物质文化遗产传承人只能迫于生计而四处奔波，没有时间顾及非物质文化遗产的传续。改革开放以后，我国由计划经济逐步过渡到社会主义市场经济。经济体制的变革，使全社会在体制和阶层等各方面都再次

发生了急剧的变革。全国上下都在解放思想，围绕经济建设这个中心加快生产力发展，从而使民族地区、偏远山区和农村地区经济发展步伐大大地加快了，城市化和城镇化趋势也逐步显现。传统农耕文明式生产方式在局部地区也开始了自我消亡的进程。人们不再满足于传统农耕文化的生存状态，开始寻找其他谋生方式以寻求精神上的寄托和实现自我价值。于是少数传承人一边发展经济，一边靠手艺走向市场，靠研发产品走上致富之路。但大部分传承人渐渐丧失了以农耕社会为主的生存环境。

第二，国际上近百年来两次世界范围的战争、第三次科技革命的诞生、计算机的不断更新换代和信息高速公路的问世等重要事件深刻改变着人类的历史进程。这一切表明：信息社会是人类文明进步的标志，是推动经济增长和社会变革的强大动力。信息社会越发展，市场经济中生产力就越发达，农耕文明自然而然就会被时代淘汰。

第三，20世纪后半期，全球化的加速发展使得西方强势文化逐步向发展中国家及不发达国家入侵，继而形成不同国家的本国文化和外来文化剧烈冲撞之势。传统的单一文化特征正被替代，文化日益强烈地束缚着经济的发展。西方国家的经济优势催生了巨大的文化优势，而经济强权又催生了文化强权。西方文化强势入侵背景下，中华民族传统文化同样遇到了空前严峻的局面。

（一）非物质文化遗产传承人面临的社会因素的影响

1. 外来文化影响

中国从古至今通过积极汲取外来文化之精华并与本土文化相融合而形成独具特色的中华文化。而明代以来的"闭关锁国"政策则使其我国传统文化丧失了活力。清朝建立之后，为了维护国家的统一，加强中央集权制度，实行"夷夏之防"，在对外交往中采取"以夷制夷"策略。但是这种做法最终失败。尤其在清代末期，国力衰弱导致外来文化随西方坚船利炮蜂拥而入，给我国民族传统文化带来严重的恶性影响，导致我国的非物质文化遗产被外来强势文化压制。进入近代，一些知识分子借西方某些理论或者观念对传统文化中某些观念与想法进行解读，甚至以西方理论体系或者西方评判标准对中国的思想和事物进行重新解构与评判，造成中华文化西化倾向严重，中医药西化便是其中典型代表。于是，如何保护我国优秀的传统医药学成了摆在世人面前的一大难题。笔者认为，继承并发扬医药学的精髓非常重要。中国传统医药经历了数千年发展的历史进程，经无数人实践而自成体系，而且理论与制度都符合中国国情，具有自己特有的科学性。而中医西化所带来的严重恶果就是使中医丧失了原有的富于中国传统文化之特点。当前，部分中医院采用所谓的中西医结合疗法的主要切入点仍是西方医学。部分老中医祖传方法被西方医学学院派占主导地位者拒之门外，其特有技艺没有得到应有重视，甚至没有得到良好传承。

此外，伴随着外来文化及西方生活方式等因素的影响，受一种"西方月更圆"心理的影响，不少国人对西方文化及生活方式盲目崇拜，有人甚至产生"凡是西方的事物都是好的，凡是中国的事物都是差的"的思维定式，"民族虚无主义"一时较为泛滥。受西方节日，如圣诞节、情人节、愚人节的影响，再加上部分商家的大力宣传，很多年轻人都非常熟悉西方节日中的各种文化内涵，但他们并没有关于我国传统节日的概念，如对春节、中秋节、清明节和端午节等节日都没有相关概念，有些人甚至对我国传统文化嗤之以鼻。客观地讲，西方文化的确有许多文化成就与先进之处值得学习，但是我国传统文化中最为精华之处一旦被异化，西方文化张力势必会给中国传统文化带来挤压，使中国传统文化在某种程度上走向萎缩。在这种情况下，非物质文化遗产承继者自然不敌外来文化入侵者。例如，贵州苗族和侗族服饰以低廉的价格卖给了西方人，本地真正进行制作的传承人仅能得到极少的报酬，他们的劳动成果也没有得到应有的尊重，很多传统戏剧由于缺乏受众而濒临灭绝或者销声匿迹，他们以传承人身份在村落中行走，十分艰辛，收入也十分微薄。北京景泰蓝的命运是相似的。景泰蓝是我国民间工艺品之一，有着悠久的历史和深厚的文化底蕴。改革开放后，景泰蓝作为中国工艺美术行业中唯一被列入国家非物质文化遗产名录的工艺。在工艺美术出口创汇红红火火的今天，景泰蓝更是盛极一时，但是因为我们本身没有注意保护，所以它的传统工艺就外泄到了日本。在这种情况下，有些地区出现了不少的非物质文化遗产保护单位，但由于资金不足，这些机构没有很好地发挥作用。在这样的背景下，景泰蓝工艺也受到很大程度的破坏。厂子关闭，景泰蓝继承人生活无以为继，收徒传艺更遇到各种困难。这些都是外来文化侵蚀我国传统文化的典型例子。

2. 过度开发的负面效应

当今时代，以经济利益为目的，以各种名义进行非物质文化遗产开发的现象随处可见。不少民族文化资源富集的地区将旅游业视为带动本地经济发展的支柱产业而加以大力发展。但是在发展过程中，这些地方常常只重视经济利益而忽视了对自然生态环境与文化生态环境的保护。伴随着数以千计的游客纷至沓来，不仅使当地的自然、文化等生态环境遭到破坏，而且也加速了传统文化的消失。在这种情况下，旅游地政府为了自身的利益，不顾当地居民的生活水平和风俗习惯，盲目追求经济效益，大量引进旅游项目，导致很多文化遗产遭到不同程度的毁坏。当地非物质文化遗产传承人作为一种重要的招揽游客的方式，也作为一种陈设成为旅游景点表演者。当旅游景点误用其工艺时，非物质文化遗产继承人的工艺就会在短期内发生变形甚至彻底变异而丧失原有的寓意与特色。如何正确处理好旅游与生态环境保护之间的关系？这已经成为摆在我们面前的一个非常现实而紧迫的问题。目前，很多地方正在积极地探索这一课题。有成功的经验也有失败的教训。云南丽江便是这样的典型代表。丽江是我国唯一一个以"丽江古城"命名的国家级风景名胜区，也是全国唯一的世界自然遗产和国家历史文化名城。短短的十多年间，虽然各地旅游业蓬勃发展，给经济社会进步、老百姓增收带来诸多实惠，但是旅游业对于纳西传统文化所产生的影响是数百年未有之大。小桥流水依旧，但是喧闹的环境已经没有了以往纳西族闲适的生活情调。为招徕游人，很多传统文化形式都被人为地歪曲，成为一种固定的舞台格式，很多传统文化都被转化乃至夸张，丧失了自身的文化魅力。虚假传统无处不在。文化变迁必须有一个由量变到质变的渐进过程，若在短期内突变会导致文化本质异化。而正是这种异化使纳西族传统文化被边缘化且有消失之虞。

此外，在旅游业蓬勃发展的今天，各种企业和旅游产品纷纷冠以"东巴"之名，甚至还有不少外来商人打着"东巴"的旗号，疯狂营造"东巴文化"氛围来推销自家产品，攫取市场份额，而外来旅游者却难辨真伪。长此下去，东巴文化真正的传承者必然会被排挤出去。因此，要想让"东巴"这一古老而神秘的传统民俗文化得以延续并发扬光大，就必须对其保护、研究和开发加以重视。一是加强宣传力度，提高知名度。二是加强教育培训。

再就是山东杨家埠村民俗旅游开发时，起初是由当地主管部门引导和扶持的，旅游者可前往当地百姓家庭实地观看并参与其中，感受杨家埠木版年画印刷工艺，并和传承人直接沟通，这一做法还是较为原汁原味的。进入20世纪90年代后期，在市场经济利益驱动下，该村井办了以民俗展示为主，木版年画生产和风筝生产为辅的封闭管理。游客只需购票进入这座密闭的公园内便可欣赏到上述的各种旅游项目，无需再走街串巷探访民间作坊、民间艺人。本来是实实在在的民俗文化，却成为脱离生活，专为游人欣赏的舞台表演。这种经济利益驱动下的民俗旅游虽能在短时间内产生效益，却因民俗变味失真而慢慢丧失魅力。

非物质文化遗产继承人整天忙着给游客演出，他们的手艺逐渐程式化、技艺也在逐步退化，这对于非物质文化遗产的传承工作造成不利的影响。这种现象不仅不利于非物质文化遗产的保护与传承，而且会造成文化生态失衡。在旅游业及地方经济发展进程中，非物质文化遗产被过度挖掘只会使非物质文化遗产的魅力持续丧失，非物质文化遗产继承人技艺逐渐退化，并最终使这一技艺价值下降。所以，旅游开发不应牺牲非物质文化遗产的价值，不应人为损害和弱化非物质文化遗产传承的工艺技术。

（二）非物质文化遗产传承人现状

1. 断层困境

在全球化时代浪潮和现代文明严重冲击之下，中国传统文化受工业化、信息化、市场化和都市化各方面因素的冲击，使之逐步边缘化并最终呈日益式微之势。非物质文化遗产作为传统文化的一部分，同样面临这样一种处境。在老年传承人日益衰老或者离开人世的时代背景下，新时期文化与流行生活方式、社会分层及社会流动等因素使得青壮年价值观与职业取向产生巨大变化，致使非物质文化遗产传承人断层现状极为凸显，同时这种现状也严重桎梏并制约了中国非物质文化遗产持续性健康发展。随着经济的高速增长和城市化进程的加快，城市人口规模日益扩大，老龄化程度不断加深，使得许多家庭出现空巢现象，从而加剧了非物质文化遗产的濒危状态。由此可见，加强非物质文化遗产保护与传承，是我国个人和社会所面临的一项重要工作，同时也是现阶段我国亟待解决的重要问题。

社会分层的存在深刻反映了现代社会存在地位不平等的现象。在不平等社会面前，人总是要努力地去改变自己，以便达到社会层次最高的境界。而"社会流动指的是人们在社会关系空间中从一个地位向另一个地位的转移。"[①]社会流动就是人们通过自己所拥有的资源或能力进入某一阶层的过程。社会流动可以分为两

---

① 郑杭生. 社会学概论新修 [M]. 3版. 北京：中国人民大学出版社，2003.

种：一是职业流动；二是身份流动。两者都属于社会流动的范畴。社会流动虽为个人行为，但不仅对于个体有意义，对于社会同样有意义。非物质文化遗产保护与传承过程中传承人流动属于社会流动范畴。如今，其对于非物质文化遗产的保护与传承持续性产生了一定影响。

在人们的日常生活中，长期的分层结构影响了大部分人的职业流动欲望。改革开放后，社会流动的可能性使那些期望打破原有社会地位走向其他阶层的人们将想象变为现实。但由于缺乏必要的制度和组织保障，他们往往无法实现自己的愿望。非物质文化遗产传承人的断层困境，正是受这一外生环境影响而形成。而在通常情况下，社会断层是由下列因素造成的。

（1）物质利益驱使

在市场经济越来越繁荣的今天，人们已从传统经济中"吃饱穿暖，三房两牛，妻儿热炕"的生活方式中走出来，注重物质利益、注重实效等价值观念逐渐成为社会主流，这种对金钱、实利等的追逐意识也越来越被公众所认可，成为他们生活与工作的首要目标。与此同时，以青壮年为主要劳动力的家庭，青壮年在家庭中也扮演了一个改善家境的重要角色。在这样一种情况下，非物质文化遗产传承人这一职业，给他们带来的收益远不能满足他们的物质追求。

（2）声誉名望驱动

职业高低贵贱之分的出现使人不愿终身处于社会底层和边缘。他们希望通过改变自己已有的所属身份而在社会中占据上层地位，从而赢得其他人的尊重。于是，职业阶层分化就成为社会变迁的一个重要方面。它既是一种经济现象，也是一种文化现象。在数十年的职业结构变革过程中，能赋予人声望的职业逐渐成为人们追求的目标。

在很多职业当中，非物质文化遗产保护与传承大部分都是具有公益性质的，尽管能给传承人带来一些荣誉与成就感，但在以物质条件为衡量标准的当下，这一切仍不能让传承人被社会普遍接受。很多老一代传承人在种种压力下放弃这一事业，下一代青壮年企求更有职业声望观的职业却不愿担当传承人这一使命。就舟山市而言，民众从事的产业包括船舶工业、造船业、水产精深加工、港行产业和港口物流。这其中船舶制造业是一个较为传统也比较热门的领域，并且有着很好的发展前景。受大众职业观影响，此地多数民众多倚重港口、渔业及与之相关的其他职业寻求自身发展，追随主流形式获得某种认同，进而避免社会中其他人的质疑。

（3）行业行规制约

在对非物质文化遗产进行保护与传承时，对传承人进行挑选也是有具体规矩与条件的。对于传承人而言，最重要的是要具备一定的文化知识水平、良好的职业道德及较高的文化素质。这就需要我们采取科学有效的方法来对其进行培养与选拔。目前的传承模式大体有如下几种：第一种是家族传承，第二种是师徒传承，第三种是群体传承。

从古代到现代，我国许多行业的传承有具体的行规并有自己的传承方式，如"传男不传女""仅传本姓家族"等。然而，在社会经济快速发展过程中，一些传统行业也发生了巨大转变，逐渐由传统型向现代型过渡，尤其是对于少数民族地区而言，更是要顺应这一时代潮流进行改革与创新。诚然，在当今时代，"传男不传女""不传外姓"等非科学规矩在这些传承模式下仍然不同程度地存在，这既严重地限制了传承人的选择与培育，也影响了非物质文化遗产持续性地保护与传承。

从社会分层来看，"传男不传女"和"不传外姓人"的行规属于一种刚性结构，也就是说社会成员的社会空间分布存在着较强的地位相关性。这种刚性结构限制了人与人之间的层次流动，使一些乐于接触非物质文化遗产工作的人难以进入这一行业。

2. 法律制度缺失

我国传承人在法律保护实践中面临着极大的挑战。由于非物质文化遗产受到全球化、工业化、城市化、现代化的冲击，它在日常生活中的影响越来越小，人们对它的生活需求也日益减少，大部分传承人的传承物品、传承资料、传承实物难以完好无损地保存，不少传承人的传承资料严重流失，导致部分传承人的传承历史缺失，影响了非物质文化遗产的有效传承。由于部分传承人年事已高，他们无法正常地开展传习活动，后继人才缺乏，传承人传承非物质文化遗产面临危机。随着现代化和潮流化的影响，大部分青年人对非物质文化遗产缺乏学习兴趣，导致传统技艺随着传承人的去世而失传。"传承无人"使得传承人的保护面临巨大的挑战，运用法律手段构建传承人保护体系是保护传承人的重要方法。然而，我国传承人的保护制度机械地借鉴国外的模式，如我国的传承人认定制度来源于日本、韩国的"人间国宝"认定机制，欠缺对本国问题的具体分析，未能有效解决我国传承人认定的实际问题。我国各地的经济发展情况、非物质文化遗产特质都有所差异，因此现阶段应当结合我国传承人保护实践中的具体问题，探索行之有效的传承人保护体系，才能促进传承人的保护、传承和发展。

传承人获得保护是传承人发展的基础和前提，传承人在利用非物质文化遗产中获得发展利益是保护的方向和渠道。在保护非物质文化遗产进程中拓宽传承人的发展空间，是非物质文化遗产延续和传承的重要环节和核心要素。非物质文化遗产的表现形式得以发展和延续留存都离不开传承人的坚定守护和发展创造。传承人保护的法律制度研究是传承人发展和传承的基础，对于完善传承人保护的法律体系和促进传承人的延续发展具有极大的推动作用。在传承人保护的实践工作中，突显传承人的价值和作用，有利于增强传承人的文化自信，使传承人的现实价值得到实现。

五、非物质文化遗产传承人的 IP 打造

（一）匠人精神的打造

现代社会，一提到匠人，人们等一时间会想到德国与日本的匠人，并认为他们的匠人精神值得国人学习。其实匠人精神不是舶来品，从古至今，中国从不缺匠人精神。中国历史上有很多出彩的匠人，"梓庆"就是一个代表：

梓庆用木头做镰，镰做好了，看见它的人都以为那是鬼斧神工。鲁国的国王看了以后就问他："您用什么法术将它做成这样的？"

梓庆回答道："我只不过是一个工匠，能有什么法术呢！虽说如此，但也有一点讲究。我准备做镰的时候，都不敢消耗自己的元气，必须斋戒让自己的心宁静。斋戒三天以后，心里就对喜庆、奖赏、官爵、俸禄没有了感觉；斋戒五天的时候，对是非、名誉、技巧、笨拙没了概念；到斋戒七天时，全然就忘记了自己的四肢身体，到这个时候，心中已经没有朝廷，心智专一没有外在的骨肉形体。然后去树林，看天然的材质，找到形状最适合的树木，就想象出完成了的镰，接着按照那样子动手做，有一样不对就报废了。"

镈是古代的一种乐器。在古代，用手工做乐器是有很大难度的，如果达到精美，则还需要投入更多的精力（如镈材料的选择、加工的过程、技艺的展现及审美方面），才能做出精妙的乐器。所以中国的匠人精神古已有之。

对于现代传播来说，传播的主题决定着传播的效果与传播的价值。在传播的过程中可以围绕工匠精神对整个内容及风格进行把控，在介绍非物质文化遗产时，应将传承人的匠心进行突显与升华。借助新媒体、各类活动、公益组织、学术机构、艺术形式等媒介进行匠人精神的传播。可以运用与新媒体相关的媒介资源进行展开，新媒体有着庞大的受众基础，这些都是很好的平台，为传播匠人精神发挥着积极的作用。匠人精神并不是形式上的内容，需要将其具体化、实体化，成为可感、可碰触的东西。进行匠人精神传播的方式主要有体验式、教育式、消费式，通过一些互动将匠人精神融入亲身经历中，实现了可感可知的效果。

体验式传播在非物质文化遗产展览会、旅游景区等较为常见。例如，山东滕州的鲁班文化节，第三届的文化节主题定为"传承发展的生动实践"，运用创新的方式，主要采取观摩、表演、亲自体验的方式来吸引大众融入其中，将工匠精神拉入日常体验之中，这种真实感可以增强大众与文化的黏合度，使其更加认同自己国家的优秀文化遗产。而在媒体端所看到的现场加工经过，更加突显匠人、匠心。另外，可以通过教育的方式向大众传播，传承人"IP"的打造，需要赋予他多种角色，而教师的角色可以指引年轻人，通过手艺的学习，由浅入深，挖掘非物质文化遗产潜在的爱好者。例如，浙江某品牌策划了一系列的公益节目，将知名的匠人请到活动的现场，为少年儿童上了一堂生动的手工艺课。

匠人精神的传播应当重视传承人、传承人组织再到社区，再到大众，是一个由点成线，由线成面，再由面组成立体可感的传播，传播的过程也是匠人精神的突显过程，通过传播可以给传承人拭去内心的浮躁，带来宁静，使大众感受到手艺人的魅力。另外，在传播的过程中还要注意对匠人精神深层次的道德操守的演绎，在传播匠人精神时，将其人格魅力与精神联系在一起加以突显，这样的非遗文化传播就有了生动性与内涵性。

除了一些日常的报道，一些电视节目，在挖掘非物质文化遗产的技艺过程中，也不断地凸显匠人精神，在技艺中得到进一步的升华。系列纪录片《指尖上的传承》以传统手工艺制作工艺为主线，突出工艺美术文化内涵与价值，彰显我们民族文化优秀审美观与价值观。第一季有6集，包括《泥人张》《紫砂》《歙砚》《玉雕》《木雕》《苏绣》等作品，令观众赞叹指尖之神奇，作品之精美，领略别样指尖之魅力。《指尖上的传承》以技艺与文化为载体，所展现的不只是指尖上的绝活，更是多层面地表达了民族文化之内涵，中华文明之灿烂。这也正是该理论片想传递给大家的一种文化情怀，让我们一起走近传统手工匠人的心灵深处，去了解他们精湛的手艺及其对艺术的执着追求。以纪录片的感染力唤起我们对古老文化的崇敬、自豪、自信，去感受一个有创造力的国家和民族。制作团队以创作精品为理念，从多个角度、多个层面对传统手工艺制作工艺进行了介绍，使更多人领略到了我国优秀匠人那一份古朴和独特的文化韵味。

（二）讲好传承人故事：传承人人格魅力的再现

习近平总书记在十九大报告中提出："没有高度的文化自信，没有文化的繁荣兴盛，就没有中华民族伟大复兴。"非物质文化遗产中有很多感人的故事，都是与传承人有关，讲好传承人故事，既能促进非物质文化遗产的保护与传承，从大的方面来说，也能坚定文化自信，提升中国的国际影响力。

中国有着五千多年的悠久历史与灿烂文化，其中有丰富的素材，成为讲好故事的宝贵资源。目前来说，我们已经出现了像《国家宝藏》《中国诗词大会》《一堂好课》《故事里的中国》等原创度较高的电视综艺节目，这些节目取材广泛，具有创意，其中蕴含着历史与文化方面的内涵，一经播出得到广大观众的喜爱。当前，这种类型的节目呈现出良好的发展势头，现代社会离不开文化的进步，尤其作为当代社会建设主力的年轻人，更应该了解我们悠久的历史文化，从中获得民族认同，增强历史责任感，所以提升文艺综合节目的品位，弘扬中华民族精神成为当前电视综艺节目的重要工作。

现代社会已经进入了视觉文化时代，图像已经成为大众传播的主要形式。随着科技的发展，视觉文化已经成为社会的主流。无论在广度还是深度上都得到了全社会的认同，电视节目作为大众传播的主要阵地，需要跟上时代潮流，为大众带来耳目一新的作品。

非物质文化遗产作为中华优秀传统文化的一部分，也需要进一步保护与传承，目前大多数传承人的故事集中在综艺节目中的不同部分，与其他领域的工匠聚集在一起，对传承人进行专门的讲述的节目较少。纪录片《传承》的第三季聚焦在年轻的非物质文化遗产传承人身上，通过讲述民间文化的青年故事，去"寻找传承中的青春力量"。

第二节　非物质文化遗产的教育传承

一、非物质文化遗产教育传承的现状与目的

民族文化是中国各个民族在历史发展进程中共同创造并发展形成的富有民族特点的文化，对民族文化进行传承与创新，是推动民族文化发展和文化产业发展的必然要求。在全球化时代，我们要实现中华民族伟大复兴，就必须高度重视对传统民族文化的传承和发展。在这样的背景下，民族文化的传承创新显得尤为重要。如何推进民族文化传承创新呢？非物质文化遗产在民族文化中占据着举足轻重的地位，它既是历史见证者，又是民族文化承载者，被称为历史文化"活化石""民族记忆背影"等。从民族文化传承与创新的实际情况来看，以教育为导向的非物质文化遗产的保护、继承、创新显得十分迫切与重要。

（一）非物质文化遗产教育传承的现状

《国务院办公厅关于加强我国非物质文化遗产保护工作的意见》中规定了非物质文化遗产保护工作的十六字指导方针："保护为主、抢救第一、合理利用、传承发展。"由于各级政府高度重视非遗的传承和保护工作，非遗保护工作取得了很大成绩。然而，随着时代的进步和社会的发展，人们越来越认识到非遗保护工作的重要性。我国在非物质文化遗产保护方面已经有了一些进步，而当前非物质文化遗产的继承与开发中存在信息欠缺、表达欠缺和机制欠缺的现象，主要有以下几个方面：第一，非物质文化遗产保护形式更多地属于文物式，缺少内容上的保护；第二，非物质文化遗产总体偏重保护方面的工作，而传承创新机制平台缺失、开发利用载体匮乏等问题得不到政府重视，与文化创意产业合作欠缺，进而在国际市场缺乏核心竞争力；第三，非物质文化遗产的保护往往孤立于本体自身，衍生品及实际应用创新欠缺，脱离社会需求及企业需求；第四，传承人的培养以

传统师徒相授模式为主，所培养专业人才有限，不能适应产业发展需要；第五，非物质文化遗产相关资源平台虽然已经建立并使用，但是在容量、内涵、服务及技术诸方面远远不能适应学校、企业及社会各界对非物质文化遗产的要求；第六，非物质文化遗产传播媒体资源整合力度不够，表现形式与手段过于简单。

只有把科学和文化结合起来，把技术和艺术结合起来，并借助信息技术，数字技术和艺术手段，发挥职业教育的基础性作用、服务性作用及推动作用，才能够最大限度地保护和弘扬中华民族传统文化，传承和创新中华民族传统文化，从而实现我国职业人才培养与非物质文化遗产传承之间的衔接，进而实现职业教育与非物质文化遗产之间的双向互动与合作。

（二）非物质文化遗产教育传承的目的

人类所有的教育活动均以特定文化为基础，而教育则是传承文化的重要媒介，也是文化传承得以实现的重要途径与方法。首先，教育是推动民族文化心理传承不可或缺的途径。民族文化在心理上的传承是民族意识在深层上的积淀，也是民族认同感得以产生的一个重要依据。在各民族文化要素传承中，心理继承无疑是最稳定、最长久和最核心的，而其他各文化要素传承则受心理继承的制约。教育可以促进各民族文化要素的传承，特别是心理上的传承。

其次，以教育为必要手段可以推动民族文化的保存与积累。文化的保留和延续可采取各种形式，但是不管采取哪种形式都要以人们对于文化的认识作为媒介，民族文化要想保留和延续就必须要靠教育培养人们来完成。因此，教育对于民族文化的传承具有重要作用。

再次，教育作为一种社会实践活动，它不仅有利于提高民族素质，而且有助于增强民族团结。教育对民族文化进行了保存、延续与传播，使民族文化不断积淀与沉淀，最终形成独具特色的民族文化传统。

最后，教育是推动民族文化更新与发展不可或缺的必要手段。传承民族文化既是一个保存、延续的过程，也是一个不断更新、不断发展的过程，其中教育起着无可取代的重要作用。第一，教育可以将文化加以整理与处理，即教育可以将文化条理化、结构化、系统化地进行整理，从而更加利于后人对其进行传承与研究，继而推动文化的保留与发扬。第二，教育可以选择并批判文化，即教育可以通过对文化的必要分析来拒斥、批判文化中对个人身心发展不利的消极成分，而选择、吸纳对个人身心发展有利的积极成分，推动文化不断更新和发展。第三，教育可以实现文化交流与融合，表现为教育可以中和不同区域、不同族群中存在的文化差异，加强各异质文化间的相互了解、宽容和融合，从而推动文化更新和发展。概言之，教育可以在民族文化传承过程中通过文化加工整理、选择批判及交流整合等功能推动民族文化创新发展。

二、非物质文化遗产教育传承意义

人类所有的教育行为都基于特定的文化。教育是文化传播的重要手段和方式。

（一）促进民族文化保存、积淀和发展

文化的保存和延续可以采取多种形式，但无论采取何种形式，都必须以人类对文化的理解为中介。叶澜教授认为，如果没有人能够理解和利用历史遗留下来的文化，这些文化就会成为既没有认知价值又没有使用价值的"死物"。因此，要想促进民族文化的保存、延续和发展，就要充分发挥教育的文化传播作用。

（二）培养民族文化传承创新职业人

尊重教育教学规律，遵守行业规范，以民族文化（尤其是非物质文化遗产）为载体，开发适合网络传播的教学资源，将民族文化遗产置于开放、多元的互联网环境中。通过网络媒体实现民族文化的保存和延续是非常重要的。从行业角度（技艺本身）制定业务标准，从企业角度（表现技巧）制定技术标准，采用标准化采集加工，保护民族文化，此即专业守艺。大师和行业专家学者来校园举办讲座，进课堂授艺，引入项目创作，传授传统文化知识、技艺，将非遗引入校园、课堂、教材，为民族文化留根，此即大师传艺。与教学融合，构建面向社会开放的共享平台，实现校内、课上系统学习，校外、课下利用移动互联网碎片化学习的全过程培养，促进民族文化的传承，此即学生学艺。探索教学模式，运用基于水平思维的走、看、知、临、悟、用"六步"学习法，实施学、做、用、展、演、销"六维"融合民族文化育人机制，实现民族文化的创新，此即师生用艺。展示并应用创新成果，大力弘扬民族文化，向社会推介民族文化传承创新成果，促进民族文化传播，此即社会展艺。政、校、行、企联动，搭建民族文化传播、传承、

转化、开发等多元平台，促进民族文化发展，此即多方弘艺。守艺、传艺、学艺、用艺、展艺、弘艺"六艺"一体共育民族文化传承职业人，保护、传承、学习、创新、传播、应用"六维"融合共促非物质文化遗产发展（如图3-2-1所示），实现非物质文化遗产走进校园、教材和课程，与专业课程、社会实践融为一体，与师生的创作相结合，充分发挥学校教育在非物质文化遗产工艺传承中的主导作用，改变非遗保护与传承的固有方式，探索民族文化传承的学校教育新模式，实现专业人才培养与非遗传承对接，促进非遗传承的群体化，促进民族文化的延续和积淀。

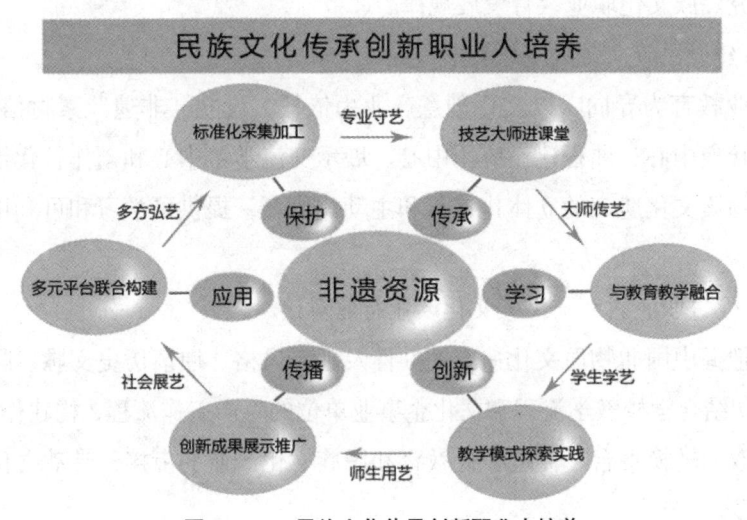

图 3-2-1　民族文化传承创新职业人培养

三、非物质文化遗产教育传承路径

（一）教学资源库建设

利用中国非物质文化遗产作为资源载体，探索基于非遗资源开发高职院校专业课程建设新路径。以传承文化，传习技艺为使命，依据行业业务标准与企业技术标准，利用数字媒体技术，政、校、企、行共同建设国内外先进水平大容量、共享型、互动式，不断更新的职业教育民族文化传承创新教学资源库，将非物质文化遗产资源转化为数字化教育教学资源，探索工艺传承的教育方式，将专业人才培养与非物质文化遗产传承相联系，推动非物质遗产传承群体化，扩大民族文化创新运用的广度与深度，提升人才培养质量，增强师资队伍教科研与专业创作能力，培育民族文化创新职业人，延展民族文化创新媒体类型，推动民族文化终身教育向大众化方向发展。

1. 具体实践目标

（1）创新民族文化传承创新的人才培养模式

系统地设计以职业技术技能为能力培养目标的课程体系，以非物质文化遗产项目作为教学载体，开发项目化课程，推行"双轨交互并行"项目教学模式，改革教育教学模式与方式方法，构建多元评价的人才培养体系、提升人才培养质量，探索和研究民族文化职业教育发展规律。

（2）建设民族文化数字化教学资源

以职业教育为导向，以文化创意产业为依托，设立"非遗"素材信息中心、教学资源转换中心、课程建设应用中心、展示交流学习中心和创作转化推广中心等，为非物质文化遗产的立体化传承和主动式创新，提供可学习和可利用的优质教学资源。

（3）促进职业教育与民族文化产业有效对接

正确把握中国非物质文化遗产的共性及独特风格、厘清历史文脉、凝练商业价值，密切结合学校教学流程和文化企事业单位的生产工作流程，构建作品资源、产品资源双向转换平台，促进职业教育和民族文化产业的衔接，带动文化产业的振兴与发展。

2. 具体建设思路

（1）创新机制，政、校、企、行携手，保证资源的共建共享性

在文化部非物质文化遗产司支持下，以"百城百校"（国内100所设置艺术类专业高职名校与地方100个文化名城对接，实施文化创意设计教育项目）"旅游商品产学研联盟"（汇聚北京及其周边地区旅游商品产业，文创产业及其他产业企业资源共同搭建的"产品研发与技术服务"校企合作长效机制平台）为模式，与各地区优势院校与产业企业共同构建教学资源库长效合作机制，根据产业规范打造素材采集标准机制，健全创新研发责任机制与激励机制，遵循企业标准与职业教育教学规律相结合的数字化教育教学资源转换机制，以课程为载体打造案例制作模板。

（2）深入调研，明确用户需求，保证资源的实用、可用性

以整合民族文化教育教学、聚合民族文化机制创新、应用民族文化科学研究、实践民族文化的创新转化、弘扬民族文化向外传播为主要内容，通过深入行业与企业进行调查研究，全面了解各个岗位对人才的知识、技能及素质需求，按照职业教育教学的规律，以职业岗位分析为切入点，充分考虑人才培养需求、环境和条件存在的区域差异，系统地设计并构建了"平台+模块"以职业为本位、技术为核心、技能为重点、能力为目标，既具有"普适性"又具有"特色化"的课程体系。按照高职院校特色构建模块化培养模式，按照行业规范、职业标准等要求，利用数字媒体技术实现民族文化资源向数字化教育教学资源转变，强调核心技能与知识学习、职业素养培养，确保资源建设具有针对性、实效性。

（3）研发创新，整合优势资源，保证资源建设的前瞻性

充分调动参与高校及企业积极性，吸收国家级及省级"非遗"项目继承人、工艺大师、教授、学者等参与资源建设，吸收知名企业新产品、新工艺和新技术，将高校及企业创新成果纳入专业课程并对教学内容进行实时调整，确保资源库建设具有时效性与前瞻性。

（4）项目管理，建立长效机制，保证资源建设的持续性

推行项目管理，构建完善资源库运行管理机制：建立政、校、行、企的优质资源共享、互利共赢、共建共享的良性循环机制，发挥政府主导作用，制定相关政策、法规，为资源库发展营造良好环境，加大宣传力度，提高资源使用率。构建多元化的人才培养模式，打造一支高水平的人才队伍。创新教育教学管理方式方法。在资源建设过程中加强对知识产权的保护力度，充分发挥联合建设单位和资源建设者的作用，鼓励资源用户进行二次开发。建立资源库定期更新的保障制度，不断充实和完善教学资源库的建设，使教学资源建设的内容得到动态更新，资源平台的技术得到不断更新，资源库稳定高效地运行。

（二）非物质文化遗产与高校教育的融合

1. 教学中的具体实践措施

（1）编写本土教科书

在对学生开展非物质文化遗产教育时，需要编写适当的教科书，方能事半功倍。教科书的编写不仅需要有专业老师的指导，更重要的是需要有传承人的参与，

因为教科书的编写既要体现出教材的学术性、真实性，又要具有一定的鲜活性。不同地区、不同民族、不同地域的学生在学习上具有一定的差异性，这就要求教师在教学中既要注重教材的实效性，又要注意内容的针对性。编写教材的过程，也就是被人们忽视已久的民族民间文化资源步入主流教育之路。

（2）开发非物质文化遗产课程

非物质文化遗产教育课程的开发与建设，可以从课程形式方面加以革新。例如，可以采取通识课与专业课相结合的方式、穿插式课程与附加式课程相结合的方式、渗透式课程的方式。非物质文化遗产教育课程内容应以教科书为基础，形成完整的内容体系，加强对非物质文化遗产知识的宣传力度，重视师资队伍建设，开展非物质文化遗产网络教育与实践教学。课程有课内课外之分，可打造不一样的教学资源平台。例如，利用地缘优势及家乡资源开展调查、研究工作，发展学生田野考察能力及实践能力。学校要推动"非遗走进校园"等活动，通过专场（如演讲、展示）方式宣传非物质文化遗产相关知识，呈现非物质文化遗产物质形态。借助网络资源及学报、校报，通过刊发学生文章及老师论文等方式拓展非物质文化遗产影响力。

（3）创立学科体系

以学术研究与总结为手段，将非物质文化遗产中传统的"口传心授"模式提升至理论层面，以期在高层次理论层面为我国非物质文化遗产学科建设指明方向。在此基础之上，要积极推进中国非物质文化遗产事业建设，要大力宣传和普及非物质文化遗产知识，提高全民素质。特别是创立和完善了以非物质文化遗产和中国民间文化艺术研究为主线的新学科，弥补长期以来民间文化艺术认知教育之不足。确立以传承人培养为主线的旅游学科，奠定非物质文化遗产继承之基础。推进多元化教育改革与发展，为非物质文化遗产科研、规划管理等领域培养专门人才和社会所需的复合型人才。

（4）课题研究

开展非物质文化遗产课题研究无论高校还是中学均具有可行性，师生均可参与。在开展非物质文化遗产教育的实践活动时，课题研究与课堂实际情况有所不同，它可以为学生提供更多的信息，帮助他们在有兴趣的自主活动过程中提高整体语文素养，同时也是培养他们主动探究、团结协作、敢于创新等品质的重要手段。因此，学校应该积极创造条件开展各种形式的课题研究活动。课题研究既要符合课程设置的要求，又要适合学生的年龄特点、知识水平和心理特征等实际情况。例如，可采用教师或者师生联合申报项目的形式，就某个特殊的非物质文化遗产议题展开深入的研究，这对于调动学生探究非物质文化遗产热情可起到事半功倍的效果。特别是传说、神话、传统美术、音乐、舞蹈、风俗类等题材能使学生欣赏到大量家乡特色地方文化并丰富其业余文化生活，使优秀传统文化得到传播、发扬与传承。同时在学习和研究中挖掘非物质文化遗产所蕴含的民族心理与时代精神，认识并了解前人丰富的社会生活与情感世界。

可以让几个学生单独承担某一部分的研究工作，这既使学生对非物质文化遗产研究工作能力得到了锻炼，又能培养学生的合作精神，增强学生规划、组织、协调与执行等方面的能力。

在进行课题研究时，要让学生自己去搜集各种实物、材料，加以分析。学生因为知识储备不足可能会出现分析错误的情况，这也正是在教师解决学生遇到的问题过程当中，使学生的各方面能力不知不觉间就得到了提升。通过改变教学方法，引导学生勇于探索，尊重学生每一个学习兴趣，鼓励学生培养自己的爱好。形成研究型的学习方式，提高学生对信息资源进行识别、甄别和加工的能力，在学习中学会合作、经历探索，感受到发现带来的乐趣和成就感，培养他们在学习中特有的经验。

2. 与高校建立合作机制

（1）树立高校参与非遗保护工作的基本理念

高校应肩负起非物质文化遗产保护历史使命与社会责任感。高校应注重培养高素质的高级人才并重视文化传承与创新；高校作为传承民族优秀传统文化的基地，应该成为开展非物质文化遗产教育的主阵地之一。高校要及时构建非物质文化遗产的教育目标与教育法规，着力开发与建设非物质文化遗产的相关课程，课程设计中可以采取通识课与专业课相结合的方式，根据教学内容使用穿插式、附加式、渗透式相结合的教学方式，构建非物质文化遗产教材内容体系；加强非物质文化遗产师资队伍建设，推行非物质文化遗产的网络教育与实践教学。大学可与社区合作开展非物质文化遗产保护工作，各大学可打造不同平台，借助地缘优势与家乡资源开展调查与研究工作，以培养大学生田野调查与实践能力。

（2）逐步推进"非遗进校园"活动进程

在课堂内外开展各种活动，让学生通过参与实践体验，感受到非物质文化遗产的魅力所在。运用科技文化、人力资源、教育传承、群体调度的优势，以及传承性、就近性、学业为本，保护利用并重的原则开展教育，才能确立学生人性的标尺，塑造民族性格，弘扬民族理想，敞开民族胸襟，形成民族凝聚力，觉醒民族认同感，唤起民族自豪感、使命感、责任感，不仅实现了现代教育与传统教育的接轨，也改造了现行教育产业化、工程化和政绩化等功利价值趋向。

（3）有针对性地推进非物质文化遗产学科建设

创立和完善以"非物质文化遗产和中国民间文化艺术研究"为宗旨的新学科，弥补长期以来民间文化艺术认知教育被忽视的不足。要从课程设置、教学形式等方面进行全方位调整与创新，加强对学生实践能力、创新能力的训练，提高他们运用知识分析问题、解决问题的能力。推进多元化教育改革与发展，为非物质文化遗产科研、规划管理等领域培养专门人才和社会所需的复合型人才。

（4）转变教学方法

高校教育设立和开展民间艺术学科，无疑会涉及艺术院校文化及艺术教育体系的拓展及融合，以寻求一种既注重西方视觉价值体系又注重本民族本身文化传统的大学艺术教育教学方法，进而解决目前我国艺术院校教学观念及教学方式过于单一、教学内容过于西化及学院派教学过于刻板等问题。

（5）转变学术研究方法

非物质文化遗产研究为我们打开了另一种活态历史观——生生不息的文化发展理念。非物质文化遗产的保护与传承问题已经成为一个重要课题。这就需要对传统学术范式进行必要调整，以适应当前时代环境的变化。至少存在两种研究观念与方法特征对经典人文学术研究具有创新意义，即田野工作观念与体验式研究意识。

（6）建立高校、政府双向交流机制

积极帮助政府，为非物质文化遗产特定保护提供第一手材料。在我国当前的国情下，高校作为一个特殊群体，承担着传承民族优秀传统文化，促进社会主义精神文明建设的重要使命。因此，高校教师是进行非物质文化遗产整理和申报工作的主力军之一。高校教师在参与非物质文化遗产整理申报时，要做到明确政府普查整理的具体任务，把专业知识融入普查工作之中。

结合学术研究和政府所需，使研究成果得到转化。伴随着中国非物质文化遗产保护事业的逐步全面展开，政府部门也不断探索出适合中国国情的非物质文化遗产管理体系，研究非物质文化遗产的专家要从实践中掌握非遗保护与传承的基本规律，着力建构有指导意义和可操作性的保护理论体系。

高校作为文化传承和发展的重要阵地之一，理应发挥其自身优势，参与到国家对非物质文化遗产保护工作中来。高校教师在辅助政府保护非物质文化遗产的过程中，应主动将自己的工作内容与各级政府文化部门工作需求相结合，为政府非物质文化遗产的保护与传承工作提出建议。具体而言，有如下两个方面的内容。

第一，将非物质文化遗产专门项目的研究与政府需要相结合，为该项目的保护与传承工作提供理论及学术支撑。对我国高校参与的非遗传承工作的现状及其存在问题进行分析，并提出相应对策建议。高校学者在对非物质文化遗产进行保护时，不仅能够将其所获得的科研成果交由政府使用，还能够围绕着政府所开展的非遗保护与传承工作展开深入的研究。

第二，积极利用高校学者智慧，在非物质文化遗产管理体制建立和立法工作推进等方面建言献策。非物质文化遗产的保护从提出到现在一直都在寻找一个既符合地域特点又与地方人文特点相结合的管理体制，各高校教师在进行理论研究时，应根据进行非物质文化遗产申报评审的实践经验，以政府对非物质文化遗产进行保护为着眼点，为建立健全非物质文化遗产管理体制及法律法规出谋划策。

（三）非物质文化遗产与社区教育的融合

1.建立社区教育"四级网络体系"

社区教育"四级网络体系"在政府的行政力量助推下构建与运行，各级层面的年度目标管理考核中均有社区教育的考核指标。社区教育构建的"开放大学（市级）——辖（市）区社区学院——街道（乡镇）社区教育中心—社区居（村）民学校"四级网络体系能够在一定程度上满足非遗传承教育的场地、人员、项目等需求。以常州市为例，常州市的非遗传承教育由部分非遗项目为先驱，借助社区教育"四级网络体系"开展非遗师资队伍建设、非遗工作室建设、非遗课程建设。非遗传承人通过社区教育授课拓宽了非物质文化遗产宣传渠道，通过社区教育项目合作开发了非物质文化遗产课程资源，通过社区教育"四级网络体系"贯通了区域间的交流与合作。

2. 城乡区域联动推动非物质文化遗产传承教育发展

非物质文化遗产一般是具有地域特色的文化资源。随着社区教育的不断发展，城乡社区间的社区教育活动交流更加频繁。在城乡相关职能部门的推动下，城乡社区对社区教育资源的需求更加明确，对资源建设的利用更加充分，城乡社区间社区教育资源的互补比例更大。非遗传承人通过社区教育途径更好地开展跨越城乡区域的非遗传承教育活动，将优秀的非遗文化和非遗技艺带出原生地，在离散地进行衍生传承。社区教育的城乡区域联动可以在满足异地社区居民对非遗文化和非遗技艺学习需求的同时，扩大非遗项目和非遗传承人的受众人群，增加非遗项目开展城乡区域合作的机会，创新非遗传承教育发展的思路。

3. 建设优质项目基地

非遗传承人在各级政府的支持下建设了相应的非遗项目的博物馆和工作室。非遗博物馆和非遗工作室的建设可以与社区教育工作相结合。在社区教育研究基地的申报中，非遗博物馆和非遗工作室均具备申报的有利条件——可以为社区教育活动的开展提供优质的教学场所、师资力量和教学用具，还可以在社区教育的各类项目申报和建设中进行产品研发和资源开发。社区教育优质项目基地的申报既可以为非遗博物馆和非遗工作室提供建设经费，还可以为非遗项目、非遗传承人、非遗博物馆和非遗工作室的提档升级带来更多优质项目。在社区教育优质项目基地申报建设中，非物质文化遗产传承教育和社区教育相辅相成、相得益彰。

（四）非物质文化遗产与职业教育的融合

在非物质文化遗产传承和职业教育融合发展中，为保障融合工作顺利推进，需要在策略落实方面加强重视。

1. 注重构建完善的专业结构体系

为促进非物质文化遗产传承和职业教育的有机融合，并提高融合的质量，从学校层面来说，就需要构建和职业教育相衔接的专业结构体系。职业教育为非物质文化遗产传承人的培养提供了基地，为了职业教育人才的培养工作能顺利有效地推进，需要在专业结构体系构建方面加强管理，可通过"3+4"的人才培养模式，将职院和本科进行有机衔接以培养非物质文化遗产传承人。只有从管理创新的角度出发，才能有效促进非物质文化遗产传承人的发展。

2.注重构建完善的保障机制

要切实推进职业教育与非物质文化遗产的传承与融合，需要形成较为健全的保障机制予以支持。在机制构建的过程中要用不同视角对其进行考量。政府应加强对非物质文化遗产保护事业的重视程度，加大投入力度，建立相关法律法规体系，并将其纳入国家基本公共服务范畴之中。职业院校则应该主动适应社会需求变化，积极创新人才培养模式。可采取引进行业企业优秀师资、持续提高人才培养质量、制定优惠政策，以及聘请民间艺人、技艺大师为兼职教师等措施，使专业带头人投身非物质文化遗产传承人才培养。职业院校还应重视建立专门工作室，鼓励外聘导师将特定项目带进职业院校，以项目形式引导非物质文化遗产课程教学，对于人才培养活动的高效进行具有积极的意义。采取非物质文化遗产基地建设的手段，能够增强文化传承辐射作用功能，强化学校与市场的衔接，充分保证非物质文化遗产传承人才培养适应社会的需要。

3.注重多样化模式的应用

在培养传承人时要注重多样化培养模式的运用，如通过现代学徒模式，基于学校及业界的深度合作、职业院校教师和业界师傅的加强协作，来培养专业技能人才。这一教育模式的运用，能突出校企联合育人理念，通过建立非物质文化遗产人才培养基地，以及与当地的工艺美术企业进行合作，学习借鉴当地的传统工艺，积极探索创新非物质文化遗产教育模式，这对培养专业人才发挥着积极作用。再者，非物质文化遗产传承和职业教育结合需注重对合作模式的科学运用，将职业院校、企业及政府等组织联合起来，搭建非遗传承的平台，这一创新型人才培养模式的应用，有利于培养非物质文化遗产传承人。

第三节 非物质文化遗产与可持续发展

一、可持续发展理念对非物质文化遗产的影响

（一）可持续发展的概念

"可持续发展"是伴随着工业文明发展提出来的新理念。工业文明时代往往

把社会发展与物质生活的提高与改善等同起来，基于这一认识，很多国家为了谋求经济利益最大化而无所不用其极，从而引发了一系列危害人类生存的问题：环境污染、能源危机、核能及有毒化学物泄露、南北贫富分化、恐怖主义及武装冲突。这些都严重地威胁着人类自身的生存与健康，阻碍着人类文明进步进程。在这种情况下，联合国世界环境与发展委员会（WCED）时任主席格罗·哈莱姆·布伦特兰（Gro Harlem Brundtland）于1987年在联合国大会上提出了一份名为《我们共同的未来》的报告，其中正式提出了"可持续发展"的概念，即既能满足当代人需要，也不会给后代人满足需要的能力造成损失的发展。这一思想意在主张人类抛弃只注重眼前利益与局部利益，转变以往各个国家以经济增长作为唯一目的的发展方式，把发展重点重新集中到人身上。人是人类发展的基本动力，并主张人与自然和谐相处，谋求人类持续生存下去的新的发展范式。

可持续发展这一概念在联合国2012年的一份报告——《实现我们共同憧憬的未来》中得到进一步诠释：将人权、平等与可持续作为核心价值观，将可持续发展的三大支柱——经济、社会与环境作为"包容性社会""包容性经济""环境可持续发展""和平与安全"这四个相互依赖的层面的主要目标，并详述了当前经济增长模式给人类生存带来的种种挑战，提出要实现我们共同向往美好的明天的倡议，需要每一个联合国成员国在原有的生产与消费过程中、自然资源管理与治理机制上进行革命性变革，并号召国家在此基础上建立公正结构转型的可持续发展模式。这一报告的发布使人们意识到可持续发展思想已经深入人心。2009年，国务院常务会议讨论并通过《促进中部地区崛起规划》。它打破了过去那种以纯物质财富增加为标志的狭隘发展观，把经济社会的包容性、自然生态平衡、人类生活品质与健康等作为人类发展的衡量标准，并充分考虑到这些要素对社会发展所具有的结构性作用，探讨出能够同时取得上述领域成果的发展范式。可持续发展已逐步成为世界各国制定政策法律和具体措施等方面的一个重要指导思想。

（二）非物质文化遗产对社会可持续发展的重要性

从实践层面看，可持续发展理念在《人类非物质文化遗产代表作名录》中得到了具体体现。从2001年到2008年，该名录以传统表演艺术类和美术手工艺类非遗项目居多，以表现艺术创造力为主。2009年起，该名录中体现可持续发展内涵的非遗项目不断增加，如有助于水资源合理使用的传统实践"西班牙地中海海岸的灌溉者法庭：穆尔西亚平原贤人委员会和巴伦西亚平原水法庭"（2009，西班牙）；与传统医药有关的"中医针灸"（2010，中国）；与健康饮食有关的"地中海饮食文化"（2013，多国联合申报）；有助于素质教育的"中国珠算"（2013，中国）；有助于生物多样性保护的照料阿甘树的知识与实践（2014，摩洛哥）；有利于身心健康和养生的"印度瑜伽"（2016，印度），等等。这些项目在当地社区文化认同、性别平等、扶贫、环境保护等方面推动了当地社会的可持续发展。

在全球化语境下，以人类生存面临的不同危机为主线，联合国教科文组织明确了非物质文化遗产既是可持续发展的驱动力和保证，又是对现代科学的反思。现代科学无法解决人类发展过程中出现的所有问题，适用于所有地区的普遍发展模式也是不存在的。各国不应盲目移植他者的发展方式，而是应思考如何利用本土文化来确立自身的发展之道。具体到非遗保护，是以非遗传承社区发展实际为基础，通过各类规划、政策、措施及具体实施，发现、激活和利用非物质文化遗产，用非物质文化遗产来提升社区民众能力并使其参与地方社区的发展，让非物质文化遗产成为地方发展的内在动力之一，并从中寻求现代科学与传统文化、地方知识相互借鉴的可持续发展之路。如表3-3-1所示，是根据联合国教科文组织《非物质文化遗产与可持续发展》报告所整理出的非物质文化遗产在社会可持续发展中的重要性。

表3-3-1 非物质文化遗产对社会可持续发展的重要性

可持续发展的四个维度	非物质文化遗产对社会可持续发展的重要性
包容性社会发展	非物质文化遗产对饮食安全有重要作用
	传统医疗有助于人类健康
	非物质文化遗产有助于获取安全清洁的水资源和促进水资源的可持续利用
	非物质文化遗产从内容和方法上为教育提供活态案例
	非物质文化遗产能强化社会凝聚力和包容性
	非物质文化遗产在创造和传播性别角色和认同方面有决定性作用，有助于实现性别平等

（续表）

可持续发展的四个维度	非物质文化遗产对社会可持续发展的重要性
环境的可持续发展	非物质文化遗产有助于保护生物多样性
	非物质文化遗产有助于环境的可持续发展
	与自然有关的地方知识有助于环境可持续发展方面的研究
	能为社区提供解决气候变化和抵御自然灾难的办法
包容性经济	非物质文化遗产是支撑社区生活方式必不可少的组成部分
	非物质文化遗产为很多人提供了收入和体面的就业，包括需要救济的人及其他弱势群体
	活态的非物质文化遗产是创新的源泉
	社区能在与非物质文化遗产有关的旅游活动中受益
和平与安全	非物质文化遗产有助于促进和平
	非物质文化遗产有助于阻止或解决冲突争端
	非物质文化遗产有助于修复和平与安全
	非物质文化遗产是维护和平与安全的一种办法

二、非物质文化遗产可持续发展的特性

（一）严肃性

从物理环境来看，社会经济和城市化进程的快速发展对非物质文化遗产赖以生存的文化场域造成了强烈冲击。当地人群的抽离、区域文化的消逝、语境变迁、传承人后继乏人、场域失序等问题都直接影响了非物质文化遗产的传承和发展。同时互联网的快速发展把人们推入了虚拟环境中，促使人们进入了数字化时代，甚至元宇宙时代。美国学者尼古拉·尼葛洛庞帝（Nicholas Negroponte）认为，人类生存于一个虚拟的、数字化的空间，人们在这个空间中应用数字技术从事信息传播、交流、学习、工作等活动[1]。在这个时代，人们不得不学会"数字化生存"。互联网场域的扩大，原有场域的削减，导致了非物质文化遗产为了可持续发展需要进行场域转移，这也符合其活态流变性。但同时，数字化技术有可能在技术传

---

[1] 尼古拉·尼葛洛庞帝. 数字化生存（20周年纪念版）[M]. 胡泳，范海燕，译. 北京：电子工业出版社，2017.

播层面削弱不同文化之间的差异性，在一定程度上弱化了文化的多样性和独特性，并且由于传播快，这种不利的影响也会随之放大。因此，这就要求我们思考在新媒体语境下非物质文化遗产可持续发展中的严肃性问题。严肃性是指为推动非物质文化遗产的可持续发展，采取的任何方法、形式、策略等，都要在不危害非物质文化遗产的原真性，保持环境、文化、经济和社会的可持续发展，促进社会包容，保留非物质文化遗产传统技艺的前提下，进行的保护、传承和发展。一旦严肃性被破坏，非物质文化遗产的价值和内涵将被削弱，其可持续性就会降低。不久的将来，这项非物质文化遗产很有可能被迫退出历史舞台，因此保持非物质文化遗产可持续发展的严肃性应该注意以下几点。

1. 坚持文化内涵及文化价值

文化是人类活动的关键领域，也是发展过程的重要组成部分，是促进经济增长日益重要的原动力。非物质文化遗产是我国优秀传统文化的重要组成部分，是中华民族精神的 DNA。其文化内涵和文化价值在当地社区得到了认可和广泛应用，是日常生活的一部分，更是当地社区和群体身份认同感和持续感的来源。在保护和发展非物质文化遗产的过程中，它的 DNA 是不能被改变的。《中华人民共和国非物质文化遗产法》规定："保护非物质文化遗产，应当注重其真实性、整体性和传承性"。真实性也可称为"原真性或本真性"，即文化最初的表现形式。文化的历史原貌不能变化，否则对非物质文化遗产就是一种损害。非物质文化遗产的发展和传承也是基于其完整性和原真性。非物质文化遗产如果脱离了其本身生存、发展的人文土壤，人们便会渐渐忘记其所蕴含的文化含义，文化一旦被忘记或历经改变，文化原本的内涵和价值也就不复存在了，这和保护非物质文化遗产的根本目的（尊重和丰富人类文化的多样性）和促进文化的可持续发展准则背道而驰。

2. 保证环境的可持续发展

中国非物质文化遗产在传承和发展过程中要保证环境的可持续发展。即使在一些特殊情况下，也不能以损害环境的可持续发展为代价去促进非物质文化遗产可持续发展。一些社会实践或传统手工艺可能会涉及木材等自然资源，原材料的大量获取会造成一定的自然环境压力。在中国文化中，红木家具历史悠久，有深厚的文化底蕴，深受广大人民的喜爱。以非物质文化遗产传统家具制作技艺为例，许多地区以红木为原材料制作家具。大量砍伐红木危害了重要的自然资源。目前，红木 5 属 8 类 33 种，其中 29 种已被国际禁止砍伐，属于濒危物种禁止贩卖。如果非物质文化遗产传统技艺过分依赖某一类自然资源，这就可能会影响环境的可持续发展。避免过度开采自然资源有助于维持生物多样性和对自然资源的可持续利用和管理。严肃性要求一定要注意非物质文化遗产与自然环境之间的关系，寻找替代方案，达到自然生态与人文景观的平衡。文化、环境、经济、社会的可持续应该是并行的，非物质文化遗产的发展不能以牺牲任何一种可持续为代价。

3. 促进包容性社会发展和包容性经济发展

发展非物质文化遗产应该帮助减少社会排斥、促进机会均等，尤其在性别平等、扶贫、促进女性及残疾人就业、民族融合等方面尤为重要。河南省驻马店市确山县妇联与余氏钩编非遗传承人联合举办的免费手工编织培训班就是一个很好的案例。通过在培训班的学习，许多留守妇女、生活困难妇女熟练掌握了编织技巧，她们可以通过手工编织品增加家庭收入。这样的举措帮助农村留守妇女解决了在家就业的难题，同时余氏钩编的非遗技艺也得到了传承和发展。这个案例说明基于当地社区历史和文化的非物质文化遗产对于强化社区凝聚力和促进包容性经济发展能产生积极作用。

（二）娱乐性

新媒体时代，传统媒体场域发生了巨大变化，已经从政府和新闻媒体到公众的单向模式，转变为加之互联网、自媒体等多元的双向模式。对于文化属性较强的非物质文化遗产，如果还按照传统一板一眼的方式进行传承和发展，可能难以吸引大众的注意力，同时会面临后继乏人等诸多问题。在新媒体语境下，非物质文化遗产需要利用新媒体平台进行宣传。网络信息化的飞速发展形成了网络社会这一新型社会形态。一定程度上，数字媒体技术有利于非物质文化遗产友好型文化生态的形成，并为促进非物质文化遗产的可持续发展提供了新型场域。非物质文化遗产的网络传承已经成了一个趋势，这是根本的范式转变。

在促进非物质文化遗产的可持续发展的过程中，需要提升非物质文化遗产传播过程中的娱乐性，使得人们特别是年轻人可以在娱乐中学习非物质文化遗产知识，使非遗文化得到有效传播。传统文化的流行需要拥抱年轻人，非物质文化遗产也是如此。现代年轻人生活、工作压力大，偏爱轻松的、娱乐的网络消遣方式，这也是非物质文化遗产实现网络生存的契机。娱乐性要求非物质文化遗产适应数字时代的跨界融合，也就是说传统非物质文化遗产需要迎合当下人们的需求，使用多样化的媒介、潮流化的传播方式及互动式的体验，正确展现我国传统生活方式、造物方式及艺术形式，并引起相关思考，帮助新一代树立正确的消费观、价值观。近些年，政府十分重视非物质文化遗产的发展，这是一种由上至下的保护模式，但新媒体的出现将非物质文化遗产的保护模式转变为由下至上。自媒体、短视频等新媒体聚集了大量粉丝团体，人人都可以进行非物质文化遗产传播。在此过程中我们又需要强调非物质文化遗产的严肃性，否则会造成错误的、片面的甚至是曲解性的传播。新媒体时代非物质文化遗产的可持续发展需要娱乐性与严肃性相结合。

非物质文化遗产的娱乐性指的是横跨传统、刻板、严肃的传播或讲解方式，以新媒体为媒介，在轻松愉悦的氛围中教授非遗知识、技艺，使受众在休闲的过程中感受非物质文化遗产的魅力，在潜移默化中增强民族身份性与文化认同感。

1. 保持创新

联合国教科文组织认为，非物质文化遗产能够在对周边环境的适应，以及与自然、历史等因素的相互作用下不断地被再造，而呈现出活态流变性。《保护非物质文化遗产伦理原则》强调："非物质文化遗产的动态性和活态性应始终受到尊重。"从中可以看出，非物质文化遗产创新是传承非遗的重要手段。许多与当时使用环境相分离的传统技艺类非物质文化遗产进入现代生活已丧失使用价值与意义。如何让这些濒临失传的遗产继续发挥其活力呢？这就要求我们对非物质文化遗产进行有效保护并加以合理开发利用，使之更好地为人类服务。非遗传承人不能抱着守旧心态而仅仅遵循前代所继承的教义和重复前人的学习成果。这不仅是一种损失，更是一种精神上的遗憾。因此，要想让非物质文化遗产得到更好的传承和延续，必须进行创新性转化，使其成为大众喜闻乐见的形式，才能真正实现非遗资源的有效利用。非物质文化遗产生产以消费为终极目标，而需求又决定着生产与开发，对于非遗保护而言也不例外。非物质文化遗产所需的不仅是传承者还要有创新者，要按照人的需求，创造出一种文化内涵传递的创新历程。非遗传承人在这一过程中经历得越久，则越能维持其生机。因此，在当今社会，如何让这些濒临消亡的优秀文化得以延续，成为我们需要思考的问题。在这样一个大背景下，数字媒体技术为非物质文化遗产提供了新的发展空间。人民生活品质的提升决定着日常需要的多样性及非物质文化遗产生产方式与走向。信息不发达时代，传承人对多样化用户需求的认知可能不足，但是现代社会的数字化媒体传播为非遗传承人理解社会需求提供了新的机遇。

数字媒体时代人们对个性化的追求日益强烈，对以前未曾见过，却很具有文化特色的非物质文化遗产大家都产生了猎奇心理。在此背景之下，一个利于小众、区域性非遗利基市场应运而生。只要能做到既保留文化内涵又能针对新时代下人们生活方式做出恰当的革新，同时与先进的数字和多媒体技术相结合，将具有充分的吸引力，形成潮流趋势，最终完成由非物质文化遗产向新非物质文化遗产过渡。这不仅是对传统艺术形式的传承与发扬，也可以实现对非物质文化遗产资源的开发和利用。特别是对以往受关注程度不高的社会群落所构成的非物质文化遗产来说将更具优势。

2. 多样化的宣传媒介

近几年，向终端用户提供信息和娱乐服务的新媒体形态已经成为信息传播的主流方式。非物质文化遗产传播方式需要改变，不能只依赖纸质和电视媒体。新媒体已经打破了地域限制，创新了公众与非物质文化遗产之间的沟通机制。2019年，推出的"非遗合伙人计划"和"非遗带头人计划"都是通过流量加持，打造非遗文化宣传平台，助力传承人进行非物质文化遗产展示和传播。目前，1 372项国家级非物质文化遗产代表性项目中，已经有接近90％的国家级非物质文化遗产代表性项目在直播平台上传播，直播平台已经成为重要的非物质文化遗产传播平台。非物质文化遗产传承具有鲜明的地域特征，在新媒体时代，传承人不能只在当地社区传播非遗文化，还要走出去，使目标人群扩大。通过提升现代化传播能力，将非物质文化遗产融入网络社会，推动全社会参与非物质文化遗产传播，促进网络传承。UGC模式（用户生产内容）让传承人掌握了话语权，通过流量赋能，可以加快非物质文化遗产的传播和发展。

3. 表达方式的潮流化

当代社会对于非遗传承人也提出了新要求。传承人不仅需要学会使用多样的传播媒介，还需要学会年轻化的表达方式。在专业的基础上，非物质文化遗产传播性语言还要找到互联网时代中与年轻人对话的方法，要具有娱乐性和潮流性，打破年轻人认为非物质文化遗产不时尚、老传统的印象。2006年就被认定为非物质文化遗产的相声，虽来源于街头，但文化底蕴浓厚。某相声社团的案例可以帮助我们了解如何以娱乐化、潮流化的方式发展非物质文化遗产，将非物质文化遗产变为大众流行艺术。某相声社团坚持在小剧场以传统形式进行演出，在保留相声基本内涵和特征的同时，以时代为导向对传统相声进行潮流化改编。通过创作贴近当下生活的作品和使用多样的宣传媒介，迎合人们的需求，让传统相声更加时尚。相声演员受到大众，尤其是年轻人的喜爱，彰显了传统非物质文化遗产的潜力。纵观20年相声发展历史，某相声社团的成功主要得益于其与时俱进，可以卸下历史包袱，并保持开放、清醒、积极的姿态拥抱新媒体，这为非物质文化遗产的传承和发展提供了一种思路，这个方法值得其他非遗传承人学习。非物质文化遗产可以搭乘新媒体这趟快车，引起年轻人的关注。这有助于培养年轻人的文化身份性及文化认同感，遏制快速消费观及消费攀比心理，促进文化强国，实现中国社会、经济、文化、环境的可持续发展。

三、非物质文化遗产可持续发展的实践思路

（一）可持续发展需要政策指引

非物质文化遗产跟实物遗产有着明显的不同，它更容易因生存环境的影响而受到破坏，所以在人们尚未意识到非物质文化遗产的脆弱性时，就要利用法律的手段来保护非物质遗产，在保护的基础之上，谋求其发展。目前，我国关于历史文化遗产资源保护的立法已经有30多部了，其中，《中华人民共和国文物保护法》和一些地方保护法规的颁布，对我国非物质文化遗产的保护和发展起到了十分重要的作用，大大降低了非物质文化遗产消亡的数量。

非物质文化遗产来自民间，是广大劳动人民创造的，它经过千百年的发展，逐渐成为备受民众欢迎的各种艺术形式。政府要加强对非物质文化遗产保护的宣传，将所负责区域内的历史遗址加以修缮，目的是让人们可以找到非物质文化遗产的源头。比如，四川成都修建了杜甫草堂，在良好的经营之下，使其成为一个著名的旅游景点，成功地将杜甫相关的非物质文化遗产跟成都的旅游结合在一起，成为非物质文化可持续发展的重要组成部分。并且，与杜甫草堂相关的非物质文

化遗产，也能以此为中心而得到发展。

（二）努力营造民间可持续的传承氛围

非物质文化遗产的可持续发展氛围是十分重要的，在这种氛围的影响下，各地区能够把自己特有的非物质文化遗产当成最宝贵的财富，就会认真、努力地进行文化遗产保护工作。比如，天津的杨柳青年画，其制作技艺是我国十分宝贵的非物质文化遗产，它在杨柳青镇已经有几百年的历史，几乎每家每户都会制作。而现如今的杨柳青年画，不仅是人们在过年时使用的装饰品，它已经走出国门，成为国内外珍贵的艺术礼品，让很多收藏家热烈追捧。可以说，杨柳青年画的可持续发展，跟当地文化遗产传承的浓厚氛围有着十分密切的联系。所以，要想加强非物质文化遗产的保护工作，除相关部门和管理者付出努力外，还要发动群众的力量，采取有效的措施，让广大群众投身到非物质文化遗产保护的活动中，形成文化遗产保护的浓厚氛围。比如，在舞狮之乡，就要给群众提供足够的表演场地，定期组织舞狮表演和竞赛，使其成为当地的文化特色，成为最有吸引力和说服力的旅游品牌。

（三）普及"非遗"教育是可持续发展的根本保证

普及非物质文化遗产教育的目的，就是让广大群众知道何为非物质文化遗产，并且要让年青一代了解中华民族的文化艺术历史，认识到保护文化遗产的重要性，使其产生保护文化遗产的责任感。为了做好非普及教育，可以将非物质文化遗产融入教材，使其走进课堂、走进学校，让这些宝贵的非物质文化遗产清晰地呈现在人们面前，成为当地最亮丽的艺术风景。当然，人是非物质文化遗产传承的主体，人在这一过程中起着重要的作用，这就是非物质文化遗产的"人本化"特征。非物质文化遗产具有传承性和民众性，所以，要想有效传承非物质文化遗产，就要求师傅带徒弟，徒弟带徒弟，将文化遗产一代一代不间断地传下去，这本身也是一个教育的过程。但是，非物质文化遗产教育并不只限于这一种方式，我们可以采取更现代化的手段，使其成为青少年接受中华民族传统教育的最佳教材，从而引导学生积极参与非遗保护活动，这对非物质文化遗产的未来发展具有重大意义。比如，武术可以通过武术学校得以传承，杂技可以通过杂技学校得传承，类似的还有戏曲学校、民间声乐歌舞学校等。不仅把这些文化当成民间的一种活动，更是把它当成一种事业。总而言之，非物质文化遗产的传承、保护和发展主要依托学校教育的力量，要把这份重任交给年青一代。

（四）以区域"非遗"合作促进可持续发展

非物质文化遗产的保护和发展必须以当地的经济发展为根基，很多非物质文化遗产之所以保护力度不足，面临消亡的可能，主要是因为资金投入不足，在这种情况下，旅游业的发展给非物质文化遗产的传承带来了新的曙光。在某些区域内，一些非物质文化遗产存在相近性，它们有着同样的历史背景和发展脉络，这给区域间非物质文化遗产的整合、协调与共享提供了方便。比如，在我国北方地区，基本都有祭祀活动，虽然纪念的对象不同，纪念形式也有一定的差异性，但是活动内容大体一样。随着社会的发展，人们的地域观念逐渐淡薄，且不同地域间的人口流动越来越大，促进了不同地域的文化发展，这给区域的非物质文化遗产合作建立了良好的环境。一些有着相同文化背景的地区，在非物质文化遗产保护方面，可以形成自然的交流和活动，而政府部门可以抓住这一时机，为非物质文化遗产的保护和传承提供更广阔的空间。如今，我们要积极挖掘地域文化，善于发现各个非物质文化遗产之间存在的联系，然后将那些性质相同的非物质文化遗产建立联系，共同形成保护机制，实现资源共享、共同发展，推动非物质文化遗产保护工作取得更好的成绩。

第四章　数字艺术与文旅融合视野下的非物质文化遗产保护

本章主要讲述了数字艺术与文旅融合视野下的非物质文化遗产保护，主要从以下五方面进行论述，分别为非物质文化遗产保护的必要性与可能性、非物质文化遗产保护的理念和原则、非物质文化遗产的保护方式、非物质文化遗产的法律探索和数字艺术与文旅融合视角下的非物质文化遗产保护。

第一节　非物质文化遗产保护的必要性与可能性

一、非物质文化遗产保护的必要性

保护非物质文化遗产的原因，要从两个层面来解释。一是非物质文化遗产对保护者的意义，二是非物质文化遗产所面临的问题及其与保护者之间存在的关系。

第一个层面实际上就是非物质文化遗产的价值问题，这一点在前面的章节中已经介绍。在此还需要补充一点，那就是对于不同范畴的保护者，非物质文化遗产的价值是不同的，从而形成了非物质文化遗产丰富的价值体系。从全人类的角度来说，非物质文化遗产具有一些普遍的价值，体现了文化的多样性，同时也是人类文化可持续发展的基础，也是不同国家、民族和地区相互尊重、理解、和谐共处的重要前提。但是，具体到国家、地区、民族及个人，非物质文化遗产有着特殊的价值，正如林德尔·普罗特所讲："保护这些遗产的目标不尽相同。对处于这种生活方式的人来说，目标也许是为他们的后代保护传统的智慧和一种值得珍惜的生活方式。目标还有可能是保持其生存状态，因为环境能够将最终无法持续发展的生活方式淘汰掉。对于国家来说，其目标可能是为人民的生存继续提供廉价的地方性医疗服务。对另一些人来说，他们的目标可能是争取时间，充分发展

第四章　数字艺术与文旅融合视野下的非物质文化遗产保护

和开发资源来为经济利益服务,如传统的种植知识(医药、生物、农业)。对科学家来说,目标可能是对可持续发展的生活方式或人类发展的多样性(例如正面临灭绝危机的几千种语言)进行深入研究,或是在口传历史和习惯法消失之前对它们进行拯救。有的目标还包括拯救不为人知的物种,因为它们毕竟是地球生物资源的一部分。但是,有些群体愿意在他们的文化中使用传统的因素来增加收入,不管这种经济资源由别人授权使用还是他们自己保护的。还有的目标是将独特的生活方式作为一种文化尊严、文化自豪和文化身份的资源来保护,或者与之相反,将之作为旅游景点来吸引游客,增加收入。"①由此可见,非物质文化遗产对人类来说有着十分重要的价值,是人类必须要保护的重要对象。

第二个层面涉及三个问题:①非物质文化遗产的保护和发展是否遇到了问题?②人类的自觉行动,能否有效地解决非物质文化遗产所遇到的问题?③人类是否已经具备了非物质文化遗产保护方面的经验和条件?对这三个问题,答案是肯定的。

对于任何事物来说,其存在和发展,都取决于内外两方面的因素。其中,内因是事物存在的根据,外因则是事物存在的条件。就以非物质文化遗产来说,它产生、存在和发展的根据,就是它内部的特殊矛盾,这也是它的生命之源。此外,非物质文化遗产还必须有一定的外部条件,这就是外因。从某种程度上来说,外因也可以决定非物质文化遗产的生存和发展。非物质文化遗产的存在和发展变化有一定的规律性,表现如下。

首先,形态不同的非物质文化遗产,其产生的时间、条件虽然不一样,但从本质上来说,它们都跟人类的生活实践有着十分紧密的联系,是人类社会实践过程中的产物。例如:口传语言就是人类在生活实践过程中,为了满足信息交流这一需求而产生的,同时口传语言也促进了人脑的发展;民间礼仪、信仰,则产生于农牧时代人类对丰收和安全的渴求之中;在现代社会已趋于完善的各种表演艺术,最初也是在人类生产实践的过程中产生的。除此之外,各种生产技术、工艺等非物质文化遗产,也跟相应的生产活动存在紧密的关联。

其次,非物质文化遗产的传承和发展,也跟人类的生产实践存在着紧密的联系。不同的非物质文化遗产,在其传承和发展过程中,有不一样的特点,但无论

---

① 联合国教科文组织. 世界文化报告 2000:文化的多样性、冲突与多元并存[M]. 关世杰,等译. 北京:北京大学出版社, 2002.

如何，它们的传承和发展都离不开人和人的实践活动。所以，人类传承和发展非物质文化遗产的动力，就是人对物质文化遗产的精神需要和物质需要。以我国的昆剧艺术为例，它的存在和发展与某个特定社会群体对昆剧艺术所依附的昆剧表演实践的需要，并自觉地去传承和发展这种实践存在紧密的联系。剪纸也是如此，它的存在和发展，也跟人们的相关生活实践活动密不可分。

再次，同其他任何事物一样，非物质文化遗产的存在和发展在很大程度上受环境的影响。比如，乡村的一些节日习俗，与特定的乡村人的需要、实践活动和时空环境有着紧密的联系，这些因素就构成了这个节日习俗存在的背景。如果在某些条件的作用下，其中的几个因素发生了变化，而节日习俗却不能进行相应的变化，那么这个节日习俗能否继续存在，就成了一个问题。同样，有一些工艺性非物质文化遗产，是依附于为特定产品进行的特定社会实践而存在的，那么如果工艺品所依赖的社会环境发生了变化，如工艺品原材料供应中断、工人流失、技艺失传等，工艺品的存在就会成为问题。

最后，从整体来看，人是非物质文化遗产赖以生存的主要条件，或者说，非物质文化遗产随着人类的出现而出现，随着人类的发展而发展，最终，也会随着人类的消亡而消亡。但是，对于每一个具体的非物质文化遗产来说，它必须要经历一个从无到有、逐渐成熟、最终消亡的过程，这也是任何事物发展都必须遵循的规律，不因人的意志而转移。所以，在人类的发展过程中，有很多非物质文化遗产都消亡了。还有一些非物质文化遗产正面临着消亡的危险。但与此同时，我们要注意到，在现代社会不断产生的新的非物质文化，将来也许也会变成文化遗产，被后人继承和发展。这也是任何非物质文化遗产生存和发展的规律。

二、非物质文化遗产保护的可能性

首先，非物质文化能否被接受，进而得到保护和传承，取决于接受者和传承者是否有接受和传承它的意愿。其次，非物质文化能否被接受和传承，还取决于非物质文化遗产能否满足接受者和传承者的价值需求。再次，非物质文化遗产能否得到传承和发展，还取决于能否得到相应的物质和非物质的环境条件。最后，作为执行保护的组织和个人，是否具有相关的经验和技术，也在很大程度上决定着非物质文化遗产能否得到更好的保护和传承。

对于仍具有生命力的非物质文化遗产，它被接受、传承的意愿和价值满足的基础是存在的，也存在一定的环境条件。但是，这样的非物质文化遗产之所以需要被保护，在于支持它存在的各种条件，如接受、传承的意愿、价值满足和环境等不具备可持续性，需要借助外在的力量来强化。也就是说，通过强化人们接受和传承非物质文化遗产的意愿，强化人们的价值满足，来为非物质文化遗产的传承创造更好的外在环境条件。所以，非物质文化遗产保护能否顺利地进行，主要在于"强化"行为是否科学有效，是否具备现实基础。

人类对自然生态的保护，可以说是人类对自然的一种比较成功的干预，这种干预，在一定程度上促成了人类与自然的共赢。但是，这个经验是在对原有知识经验反思和修正的基础上得出的。19世纪自然科学的三大发现，即细胞学说、生物进化论、能量守恒和转换定律，打破了人类起源的神创论学说，把人归纳到生物进化的链条和规律之中。人们通过对自然界中生物的观察和研究，得出"优胜劣汰""适者生存"的自然法则，这一法则自然被应用到人类及人类与自然生物的关系中，但是，人类凭借自己的智慧，以及使用工具的才能，随意地掠夺自然资源。从表面上来看，人类在生物竞争中显然处于优胜地位，符合适者生存的法则，但从本质上来说，生物之间存在着相互依存的关系，人类在掠夺资源、消灭其他生物的过程中，也将自己带入消亡的危机之中。在这样的情况下，人类开始通过对人的行为加以限制这种方式来对自然进行干预。这种干预手段，使得人类对"优胜劣汰""适者生存"的自然法则产生了更加深刻、准确的认识，使人类能够将自己放在和自然生物平等的位置上，去尊崇自然规律。当然，作为这一保护行动的副产品，有两点是必须注意到的，一是人类对于自然规律的认识并不是一成不变的；二是事物的自然进程是可以被干预的，这两个副产品为非物质文化遗产保护提供了可借鉴的经验。

一直以来，人们总是把对于自然规律的认识运用到人类社会，于是产生了很多问题，如人类社会中一直存在的人种优劣之争、民族优劣之争及不同的人类文明优劣之争等。所以，人类社会一方面要遵循自然法则，另一方面要根据人类社会的特性，加强对社会法则的重视。只有遵循社会法则，才能保证人类文化生态的平衡。而对非物质文化遗产的保护，正是运用社会法则协调自然法则的一种体现，其宗旨是实现人类文化发展的动态平衡。

所以说，人类参与非物质文化遗产的自然进程，对非物质文化遗产进行保护，从理论上来说是可行的。人类对非物质文化遗产自然进程的介入，实际上就是通过一些有效的干预手段，强化非物质文化遗产的相关活动，从而在社会法则这一层面上，保证非物质文化遗产具有生存和发展的权利与空间。

世界范围内的非物质文化遗产保护，是由联合国教科文组织提出的，这主要是受到联合国教科文组织倡导的"人类文化多样性"这一理念的影响。随着时代的发展，很多国家的物质文化遗产因经济发展、自然灾害、战争等原因而受到破坏，面临消亡的危机，而在联合国教科文组织的倡导下，国际保护法规和各国法规陆续出台，使得各国物质文化遗产被破坏的趋势得到遏制，这让人们深刻感受到了联合国教科文组织和国家等行政、法律的干预对于文化遗产保护所起到的重要作用，从而会将这种干预方式应用到非物质文化遗产的传承和保护上面。

但是，非物质文化遗产跟物质文化遗产存在本质的不同。物质文化遗产的主体是遗产物，遗产物代表着不同民族、国家、地区的特殊的传统文化追求，但这跟当下的文化活动并没有直接的联系，而且跟其他民族、国家和地区的现行文化并不会相互影响，更不会产生直接的冲突，所以，就物质遗产保护方面，不同民族、国家和地区的人都能达成一致。但是，非物质文化遗产则不同，它是一种活态遗产，不仅是传统的，也是当下的。在文化领域，如果人类依旧奉行"适者生存""优胜劣汰"的自然法则，那么不同民族、国家和地区的非物质文化遗产，就会因各自的特殊性而发生冲突，进而导致一些非物质文化遗产的消亡。

第二节 非物质文化遗产保护的理念和原则

一、非物质文化遗产保护的理念

（一）非物质文化遗产保护理念存在的问题

1. 缺乏对科学理念的深入分析和灵活应用

一些非遗保护工作者虽然学习并掌握了丰富的传统文化知识，并对非遗保护工作的重要意义有了深入了解和认识，但在具体工作中，依然将严格保护作为主要工作方式，缺乏对科学理念的深入分析和灵活应用，导致无法体现科学理念的先进性，这样不利于非遗保护的传承和创新。一些非遗保护人员对于事物发展的客观规律重视程度不足，缺乏对主观意愿与客观环境的认识，在制定非遗保护的具体策略过程中，缺乏对事物评价相关价值的精准认知，导致难以明确非遗传承中的内生规律，使得非遗保护方法的改良难以获得高水平的指引。一些非遗保护人员虽然对科学理念的价值有了一定理解，但在处理具体的非遗保护工作中，依然受到保守思维的影响，缺乏对非遗中优秀因素的有效弘扬，无法在非遗与现代社会的相互融合中开发出非物质文化遗产的新价值，使得非遗保护工作无法争取到相关部门和人士的支持。

2. 文化再生理念普及水平较差

构建文化再生理念将影响非遗保护工作的创新。但是，有的非遗保护人员对于文化创新认识不足，虽然对非遗保护工作报以满腔热情，但在开发非遗保护工作中缺乏灵活性。部分非遗传承人只是简单将传承作为工作重点，而对于相关的传统文化存在认识上的差异，这种思维显然是比较狭隘的，这阻碍了非遗保护工作的创新，导致非遗保护的经济价值不能得到充分体现，也使得非物质文化遗产保护工作难以在与现代社会对接过程中发挥更大的作用。另外，一些文化再生理念在普及的过程中，并没有对可持续发展战略进行深入的研究，简单讲，就是从保护传统文化的角度处理非遗传承工作，缺乏对非遗保护的充分总结，导致文化再生理念所具有的重要指导性没被开发出来，从而使非遗保护工作难以具备更强的活力。

（二）非物质文化遗产保护理念要求

1. 系统的整体观

从系统科学提供的理论出发，非物质文化遗产保护要树立整体保护的理念。也就是说，这里的整体性包括三层意思：①对文化生态环境的保护，在这方面可以通过建立民族文化生态保护村等措施实现；②对于已经失去生存条件的文化形式的保护，在这方面，可以采用收入博物馆的方法进行保存，但是对于那些仍然具有生命力，并且又具有开发潜力的文化遗产，如传统手工艺和民间艺术，可以对其合理开发，以生产的方式进行保护和传承；③对于正在消失的非物质文化遗产要进行抢救性保护，如一些传统的技艺、一些传统民间文学等，掌握在一些艺人的手上和心里，这个人去世以后，他的技艺如果没有保存下来，没有传给后代，这个技艺就会消失，所以我们要尽快用录音、录像、亲笔记录等方式把它保存下来。

2. 可持续的发展观

保护非物质文化遗产并不是短期行为，而是长期性的重大工程，需要一代又一代人的努力。因此，对于非物质文化遗产保护来说，仅有应急性措施是远远不够的，还必须有科学方法和法律体系，以及政策的规范作为保障。尤其是在当前形势下，法律体系不够健全，地方行政管理部门存在职责不明的情况，所以政府需要付出更多的精力，站在国家战略的层面上，采取有效的措施，处理好国家与地方、集体与个人的关系，为非物质文化遗产保护制定长远的计划。非物质文化遗产是人类生产实践过程中的产物，它反映着一个时代的文化及人民的生活状态，所以我们一方面要努力将已掌握的非物质文化遗产传承下去，另一方面要在保护与传承实践中不断创新。只有这样，非物质文化遗产才能实现功能转型，进而促进非物质文化遗产的可持续性发展。

3. 自觉保护的文化观

保护非物质文化遗产是一项重大的文化战略举措，我们要坚持"保护为主、抢救第一、合理利用、传承发展"的方针，自觉保护和传承非物质文化遗产。党的十八大报告中强调："文化是民族的血脉，是人民的精神家园。"我们现在正从文化大国向着文化强国的方向前进，加强对非物质文化遗产的保护，对提升我国文化竞争力具有十分重要的意义，同时也有助于提升国民的家国情怀及民族自豪感。

总而言之，树立正确的非物质文化遗产保护理念，是建立在以人为本、全面发展、协调发展与坚持发展基础之上的整体性、生产性、依法保护、数字化、信息化、原真性、多元化、可持续性等的全面综合。

（三）优化非物质文化遗产保护理念的策略

1. 提高科学理念在非遗保护工作中的贯彻水平

在制定非遗传承保护的具体策略中，专业人士要对科学理念的重要意义进行总结分析，尤其对传统文化教育所具有的意义进行深入考察，充分明确影响非遗保护与传承质量的自身价值，并保证科学理念所具备的价值被认可。在贯彻科学理念的实践中，要加强对事物客观发展规律的重视，将主观意愿与客观环境有机结合，使非遗保护可以在科学理念的指引下，充分实现对其所需各类资源的调动，让非遗传承的内在规律被识别和应用，保证非遗保护工作在发挥广泛的社会影响下，还能满足更多人的需要。

在贯彻科学理念过程中，要加强对非遗传承和保护工作的重视，充分开发非物质文化遗产在新时期的价值，创新非遗保护工作的运行模式，为调整非遗保护工作机制和优化环境、条件积极采取必要的措施。

2. 提高文化再生理念的普及水平

在制订文化再生理念普及方案过程中，要重视文化遗产资源的经济价值，结合文创产品相关行业的发展经验，对非遗资源所具备的应用性价值进行深入考察，确保文化再生理念的指导性价值得到深入开发。要创新非遗传承保护工作的方式方法，突破传统思维束缚，保证非遗资源能在对接现代市场中开发出重要的经济价值，并借助社会经济发展的良好形势，实现非遗文化的进一步创新发展。当然，文化再生理念的贯彻还需要对非遗资源所具备的多方面应用价值加以总结，尤其要对非遗资源对社会经济建设和文化建设所有的积极影响加以分析，使非遗传承保护工作可以在多渠道开展合作，进一步实现创新发展。

非物质文化遗产保护工作关系到如何传承和弘扬优秀的中华传统文化，唯有实现理念的调整和创新，才有可能充分满足传承和弘扬非遗保护工作的实际需要。因此，对当前非遗保护理念存在的问题加以总结，并制定相应的改进策略，对确保非物质文化遗产的高水平传承保护，具有十分重要的意义。

二、非物质文化遗产保护的基本原则

非物质文化遗产的保护，不仅仅是指在书房里对历史资料进行研究，更不是为了给博物馆提供展品，真正的保护，实际上是一项系统、复杂的文化工程。在这个工程之中，研究者需要深入民间进行田野调查，要对当地的非物质文化遗产进行确认和评定，还要建立数据库，将非物质文化遗产的相关信息储存起来，并对其文化内涵和审美价值进行全面、深入的研究，并且还要加强对传承人的保护与扶持。更重要的是，在非物质遗产保护工作中，要对非物质文化遗产进行大力弘扬，做好振兴和发展工作，让更多人投入非物质文化遗产保护的文化工程。非物质文化遗产保护的核心目标,就是强化其内在生命,促进其可持续发展,使非物质文化遗产保持顽强、鲜活的生命力。而只有在做好系统的保护工作的前提下,才有望实现抢救与保护的根本目标。如今,要想更好地完成抢救与保护非物质文化遗产的工作,就必须遵循以下四个基本原则。

(一)本真性原则

"本真性"(authenticity)的英文本意是表示真实的而非虚假的,原本的而非复制的,忠实的而非虚伪的。20世纪60年代,"本真性"(也可称为"原真性")被引入到遗产保护的领域,并逐渐在世界范围内达成了共识。所谓本真性,就是指要保护原生的、本来的、真实的历史原物,保护它所蕴含的所有历史文化信息。在非物质文化遗产保护过程中,坚持本真性原则,能够有效提升人们对于文化遗产价值的认识,有助于坚持正确的文化遗产保护理念,同时在防止"伪民俗""伪遗产"占用保护资源方面也能起到重要的作用。随着社会的发展,人们对文化遗产的认识也不断变化,相应的,本真性的观念也在不断发展,到今天,本真性观念已经远远超出了它原本的含义,但是,人类对求真求实这一精神的追求,是没有止境的。

中国在5 000年的发展过程中,留下了深厚的文化积淀,其中不仅有丰富的物质文化遗产,还有不可计量的非物质文化遗产。历代劳动人民约定俗成、口传心授的活态文化,是民族文化之根,也是现代文化发展的源泉。其中,民间活态文化基本上产生于农耕时代,在特定的文化生态环境中得以生存和发展。在今天,随着社会转型,人们的生产、生活方式发生了很大的变化,再加上生态环境的改变,导致一些原生态的传承文化逐渐没落,或者逐渐变异。比如,一直以来,民间文艺是农民主要的娱乐方式,但是,在电视和书报普及之后,传统民间文艺对人们的吸引力显著下降。改革开放以来,大量农民涌向城市,在城市里打工或者经商,这导致农村很多跟农事相关的,或者在农闲时进行的民间文化活动也慢慢被人们遗忘。在农业机械化的浪潮中,一些传统的农业生产方式不复存在,正因如此,鄂西北一带的"薅草锣鼓"已经有很多年没有响起了。过去,居民的住房基本上采用木质结构,所以以木匠会特意选择良辰吉日上梁,并且还要为此举行仪式,同时伴以歌唱,而现在的建筑大多是采用钢筋水泥结构,所以以前那些传统的仪式也就渐渐淡出了人们的视野。在社会发展的进程中,民间原生态的非物质文化遗产逐渐减少。非物质文化遗产之所以能够流传至今，靠的是人们口头讲述及行为传承，它们以这种动态的方式存活着，不可避免地会受到当下人们生活方式和审美趋向的影响，从而发生改变，甚至面临消亡。当然，除了这种被动的变化，人们为了追求经济利益，或者达成其他目的，会主动地对非物质文化遗产的演变进程进行干涉，但无论如何，非物质文化遗产始终都与不断变化的社会环境和文化语境相适应，这给我们以本真性原则来保护非物质文化遗产带来了很大的困难。然而，世界遗产委员会明确指出，检验世界文化遗产的重要原则之一就是文化遗产的本真性，并且要求要真实、全面地保存文化遗产，要不遗余力地延续文化遗产所包含的所有历史信息，另外提出，被登录的遗产，不能是现代人根据自己对历史的臆想重建的东西。

在生活中我们常常能看到这样的情况，有一些农村或者民族地区，为了促进经济发展，会大力开发旅游资源，发展民俗旅游，为此建立民俗风情园、民俗度假村等，并且为了满足游客的需求，开设旅馆、饭店，甚至是卡拉OK厅，并卖一些民俗工艺仿制品，而且这些产品大多是比较劣质的。还有一些地方为了吸引游客，每日进行好几场民俗展示，或者民间歌舞表演。人们穿着少数民族的服饰，跳着少数民族的舞蹈，唱着少数民族的歌谣，看似沉浸在浓郁的民俗风情之中，但实际上整个表演中有很多错误。比如，身穿苗族服装，但发式明显是侗族的，跳着苗族的舞蹈，却唱着侗歌，可以说是不伦不类。这样的表演无非是作秀，是哗众取宠，完全偏离了传统民俗表演的内涵，没有任何文化遗产保护的价值，甚至可以说是对珍贵文化遗产的破坏。一些地区一味地追求经济利益，加速了民风习俗商品化的进程，这在很大程度上造成了非物质文化遗产的破坏和遗失。比如，贵州黔东南苗族侗族自治州雷山县的朗德上寨，是贵州省首座民族民俗村寨博物馆，每年都有很多国内外的游客来参观。而随着游客越来越多，一些传统的文化习俗悄然发生了变异，失去了其本来的面貌和内涵。

（二）整体性原则

中国有着悠久的历史，且幅员辽阔、民族众多，因此中国有着世界上最丰富的非物质文化遗产。这些文化遗产并不是一些"代表作"或者"文化碎片"就能涵盖的。中国非物质文化遗产形式多样，并且内容丰富，又跟特定的生活环境存在着相互依存的关系。我们所提倡的非物质文化遗产保护，其内涵是通过全方位、多层次的方式,来反映和保存人类文化的多样性、丰富性。正因如此,在非物质文化遗产保护过程中,我们必须坚持的一个原则就是整体性。所谓整体性,就是在非物质文化遗产保护和传承中,注重保护其所有的内容和形式,包括传承人和生态环境。也就是说从整体上关注非物质文化遗产,并对其进行多方面的综合保护。

实际上,非物质文化遗产的整体,是由无数个具体的文化事象构成的。对具体的文化事象的保护,要尊重其生命特点,以及内在的丰富性。一方面,要保护非物质文化遗产的自身及其有形外观,另一方面,要通过有效的手段,保护它们赖以生存的构造环境。

在我国民间,有很多习俗都来自特定的文化生态环境,所以,要想更好地保护非物质文化遗产,首先就要加强对其生态环境的保护。比如,在中原地区,汉族民歌的发展呈现衰颓的趋势,但有一个例外,那就是在鄂西北山区,那里环境比较封闭,与外界交流相对较少,所以,当地汉族农民的生活方式基本保持着原来的模样,他们在劳动或者农闲时,喜欢唱歌、讲故事,一些珍贵的非物质文化遗产也因此得到保护和传承。

在保护非物质文化遗产的过程中,必须遵循整体性原则,而这一原则,不仅体现在空间向度上,也体现在时间向度上。人类文化遗产可以分为两个类别,一个是有形的,一个是无形的。有形的静态遗存物是固定的,也是不可再生的,它实际上是一种物化的时间记忆和空间象征;而无形文化遗产跟有形文化遗存在着明显的不同,它处于一种流动、发展的状态,它立足于民间的活态文化,是不断发展、变化着的传统行为方式。无形的文化遗产,贯穿于过去、现在和未来的整个历史进程中,它不是固定不变的,永远处于不断更新和创造的状态中。无形的文化遗产的演进跟它赖以生存的环境有着紧密的关联,并不是人的主观意识就能改变的,正如德国哲学家加达默尔(Gadamer)指出的:"即使在生活受到猛烈改变的地方,如在革命的时代,远比任何人所知道的多得多的古老东西在所谓改革一切的浪潮中仍保存了下来,并且与新的东西一起构成新的价值。"[①] 作为活态文化的非物质文化遗产,它在漫长的历史进程中奔腾不息,在历史演进和时代发展的浪潮中,它也随之变化、更新,不断呈现新的面貌。一方面,无形的文化遗产保持着原来的民族文化精神,另一方面,它随着时代的发展,不断吸收新的文化

---

① 汉斯-格奥尔格·加达默尔. 真理与方法(上卷)[M]. 洪汉鼎,译. 上海:上海译文出版社,2004.

内涵，从而得到进一步的升华。以陕西省米脂县的农民艺术家艾剑英创作的剪纸《黄土风情》为例，这部作品从多个角度呈现了陕北黄土地的民情民俗文化。在这部作品中，艾剑英以高度的艺术敏感性，对生活中一些具有代表性的情节加以提炼。在内容上，作品中呈现了表现传统习俗的压年糕、剪窗花、置年货、跑旱船等活动，还表现了具有新时代特征的观看新年晚会等活动。在艺术技巧上，他在这部作品中继承了绥德、米脂的传统剪纸风格，同时也运用了三边剪纸的技法，多种元素兼容并蓄，在传统的基础上进行了巧妙的创新，使得作品构思精妙、艺术表现力突出，同时又能呈现出浓郁的生活气息和深远的文化意蕴。由这个例子我们可以看出，像剪纸这样的非物质文化遗产，并不是静止的、固定的，而是处于一种变化和发展的状态中，它在社会发展的每个进程中都会产生新的变化，并在这种变化中得到生存和发展，同时在变化中呈现出不一样的艺术韵味。所以，对于非物质文化遗产，我们必须从客观的角度来观察它的变化，理解它的发展和流变，而不是人为地将其"化石化"，这是以整体性原则保护非物质文化遗产所必须坚持的理念。所以，保护非物质文化遗产最适用也是最有效的方式就是，在传承中对其进行整体性的活态保护。

（三）可解读性原则

所谓可解读性，就是指我们可以对历史遗留下来的文化遗产进行辨识和解读，从而了解它的历史演变，以及其精神内涵。一个民族的非物质文化遗产，是一个民族的文化之根，其中往往保留着该民族最原始的生活方式和行为准则，也体现着该民族的思维方式和价值观念。因此，在人们眼中，非物质文化遗产就是民族之魂。比如，民间剪纸和年画中的抓髻娃娃，在百姓心中就充当了保护神和繁衍之神的角色，寄托着人们美好的愿望。在我国农村地区，一些农家妇女有着精巧的手艺，可以剪出各种形态的抓髻娃娃，有送病娃娃、抓钱娃娃、簸箕娃娃等。不同的娃娃都有不同的作用，它们表达着送病、攘灾、祈雨抗旱、祈生贵子等愿望，这些艺术符号所体现出的意念十分丰富且淳朴。随着时代的发展，人们的思想观念也在不断更新进步，在这样的形势下，民间抓髻娃娃的变体越来越多，其内涵也越来越丰富，其在社会上的应用范围也越来越大。

要想有效地保护非物质文化遗产，就必须要加强对非物质文化遗产内涵解读的重视，要深度挖掘其内在的精神观念。否则，如果仅仅是单纯地继承非物质文化遗产的外在形式，对其内容不能做到正确地解读，那么所保护和传承的东西实际上是没有任何价值的，只是一个没有任何文化内涵的空壳。实际上，所有的非物质文化遗产都有一定的精神底蕴，如中国传统节日，就蕴含着中华民族数千年文化进程的丰富内涵，体现了可贵的中华民族精神。每个中国传统节日都有其特定的价值和精神内涵，比如：过春节时人们要进行一系列礼仪活动，这体现了人们辞旧迎新的愿望，也体现了人与大自然和谐共处的价值观念；在过清明节时，人们通过祭祀活动来缅怀故人，这体现了中国人对亲情、友情的重视，也体现了中国人慎终追远的精神；在过端午节时，人们包粽子、赛龙舟，为的是纪念屈原，这体现了中国人价值观念里对爱国、洁身自好等高贵人格的追求；在过中秋节时，人们阖家团聚，一起赏月，这体现了中国人对于团圆、和谐，以及幸福生活的追求。所以说，中国传统节日承载着中华优秀的传统文化，并形象地体现了中华民族精神，同时对强化民族感情、提升民族凝聚力也有着重要的作用。如今，在全球化的浪潮下，东西方文化交流日益频繁，给我国传统文化造成了一定的冲击，这一点在传统节日方面的体现尤为明显。所以今天，我们要加强力度来弘扬传统节日文化，一方面，要提倡文明、和谐、喜庆的节日理念，结合现代社会的特征和现代人们的实际需求，不断改进和丰富传统节日的形式和内容，另一方面，要对传统节日的文化内涵进行深度挖掘，引导广大民众了解传统节日的渊源，体会传统节日蕴含的文化和精神，从而促使民众积极参与传统节日活动，唤起他们保护传统文化和守护精神家园的责任感。

（四）可持续性原则

对非物质文化遗产的保护，并非朝夕之间就能取得成效，它是一项长期的、庞大的文化工程，需要我们不断地付出努力。我们确定一个保护对象，并对其有正确的认识之后，就要长久地对其进行保护工作，这并没有时间期限，可以说这种保护工作是需要代代传承的。因为优秀的文化遗产是全人类共同的财富，它的价值不会被湮没，随着时间的推移，其价值体现会更加明显。

可持续发展观是 20 世纪人类通过对自身发展历程的反思而提出的新的发展观念。1987 年，以挪威前首相布伦特兰夫人为主席的"世界环境与发展委员会"公布的著名报告《我们共同的未来》，第一次对可持续发展的战略思想进行了系统阐述，并且对可持续发展做出了权威定义：既满足当代人的需要，又不对后代人满足其需要的能力构成危害的发展。可见，可持续发展观把人放在主要地位，它要求客观、正确地认识"人与自然"和"人与人"的关系，注重人与自然的和谐共生。可持续发展观跟人类社会的很多领域都有十分密切的联系，如环境保护、经济发展、文化建设等。从非物质文化遗产保护这个方面来说，所谓可持续性，就是指在对保护非物质文化遗产的长期性和连续性有充分、正确的认识之后，坚定保护理念，并坚持进行保护工作。

在非物质文化遗产保护工作中，要想实现可持续发展，最重要的就是要坚持人本原则。非物质文化遗产是人在生产生活的过程中产生的，同时，非物质文化遗产传承和保护的主体是人，保护工作的关键在于人的作用。如果对人这一主体没有予以足够的关注，那么就无法保证非物质文化遗产保护工作在正确的道路上前进。在非物质文化遗产保护工作中，要尊重人的需求，特别是相关民众的现实需求，遗产保护不能与当地经济发展产生冲突，更不能因为遗产保护而影响相关民众的生活质量。总而言之，非物质文化遗产保护中所采取的一切方法和策略，都要遵循以人文本的原则，要利于人与环境的和谐发展。此外，要尊重不同民族的风俗与生活方式，尊重其宗教信仰，在不干涉其精神意志的前提下，做好思想工作，引导他们理性认识、客观对待本民族的文化遗产，积极承担保护和传承民族文化的重任，真正实现非物质文化遗产保护的可持续发展。

第三节 非物质文化遗产的保护方式

坚持正确的保护理念，遵循正确的保护原则，是做好非物质文化遗产保护工作的重要基础。另外，要想提升保护工作的实效性，还要通过政府主导和社会参与的模式，积极采取科学、合理的保护措施。一方面，非物质文化遗产保护工作是单个群体和个人权益的实现，另一方面，它也体现了政府行使公共文化服务的重要职能，同时也是社会公益文化事业的重要组成元素。由此可见，非物质文化遗产保护所涉及的方面非常广泛。要想做好这项工作，除了充分发挥国际组织、国家政府、保护机构和社区民众等各个保护主体的力量，还要采用科学的保护方法，结合前人的文化遗产保护经验，以及我国非物质文化遗产保护的现状，我国对非物质文化遗产的保护主要采取以下措施。

一、立法保护

文化遗产是不可再生的,所以必须加强对它们的保护。而在人们还没有完全意识到文化遗产保护的重要性及自身所承担的责任时,确立相关法律来保护文化遗产就显得十分重要。更何况,非物质文化遗产保护绝非朝夕之功,这是一项长期且繁重的系统工程,需要一代代人持续地努力。而要想做好这项伟大的工程,仅有应急性措施是远远不够的,必须要有相关的法律和政策,来对保护工作进行规范。我们可以认为,非物质文化遗产的法律保护,是抢救和保护非物质文化遗产工作的重要基础和首要前提。

2004年8月,我国正式加入了联合国教科文组织的《保护非物质文化遗产公约》(以下简称《公约》),《公约》要求缔约国要采取一定的法律措施,有效地保护和展示非物质文化遗产。为履行《公约》规定的义务,文化部在总结实践经验、广泛调查研究的基础上,起草了非物质文化遗产法草案,于2006年9月报请国务院审议。国务院法制办多次征求有关专家的意见、召开论证会、组织立法调研。经过了反复研究和修改,国务院常务会议讨论通过并提请全国人大常委会审议。经全国人大常委会议三次审议修改,2011年2月25日,十一届全国人大常委会第十九次会议审议通过了《中华人民共和国非物质文化遗产法》,2011年6月1日正式实施。这部法律,在我国的文化建设史上,无疑具有里程碑意义,它标志着我国非物质文化遗产保护事业已经进入了有法可依的历史时期。

这部法律明确了保护中华民族传统文化的目标,并提出了非物质文化遗产保护工作的两个基本原则:第一,保护非物质文化遗产,要坚守真实性、整体性和传承性理念;第二,保护非物质文化遗产,要有助于推动国家统一和民族团结,推动社会和谐发展,要能够增强民众的文化认同和文化自信。这两个原则是前人在非物质文化遗产保护工作中提炼出来的,是今后非物质文化遗产保护工作的重要导航。此外,这部法律还规定了非物质文化遗产保护的三项重要制度,分别是调查制度、代表性项目名录制度、传承与传播制度。对于利用非物质文化遗产来开发具有地方或民族特色的文化产品、文化服务,国家是大力提倡和支持的。这些重要的内容精神,一方面对我国非物质文化遗产保护工作提出了更好的标准,另一方面,也促进了非物质文化遗产保护体系的建立和完善,从而为非物质文化遗产保护政策的长期运行奠定了坚实的基础。

二、建立科学的管理机制

中华民族历史悠久，五千年文明进程中孕育了形式多样、内容丰富的珍贵文化遗产，其中非物质文化遗产种类多，且覆盖面广，其保护工作涉及政府的很多行政管理部门，如文化部门、文物部门、民族事务部门、宗教部门、旅游部门等。如果多部门共同来管理文化遗产，开展保护工作，那么就很有可能因管理的交叉重叠而导致一系列矛盾，进而增加管理成本，导致保护工作效率低下。特别是非物质文化遗产保护工作出现问题时，各个管理部门会互相推卸责任，导致各项工作不能落到实处，阻碍了文化遗产保护工作的顺利开展。这种分工不明确、多头管理的情况，主要是因为没有一部非物质文化遗产法来对非物质文化遗产保护工作进行规定和约束。而《中华人民共和国非物质文化遗产法》这一法律的实施，有效地避免了这些问题。这部法律第七条规定："国务院文化主管部门负责全国非物质文化遗产的保护、保存工作；县级以上地方人民政府文化主管部门负责本行政区域内非物质文化遗产的保护、保存工作。县级以上人民政府其他有关部门在各自职责范围内，负责有关非物质文化遗产的保护、保存工作。"在这条规定里，各部门的职责分工十分清晰，不仅从法律上确立了文化部门作为保护非物质文化遗产的主管部门的地位，而且由于有了法律的保证，主管部门就可以更好地发挥主管作用，协调其他相关部门共同做好非物质文化遗产保护工作。

我国的非物质文化遗产十分丰富，遍布全国各地，要想做好保护工作，各地就要明确职责，完善工作机构，提升专业队伍的素质，进而构建高效的工作运行机制，以保证非物质文化遗产的保护方针、工作原则和政策法规能够得到深度落实。另外，各省区市应该建立非物质文化遗产保护委员会，以及构建非物质文化遗产保护中心，县一级应该设置非物质文化遗产办公室，分别负责领导、规划、落实本地区非物质文化遗产保护工作，进而全面落实国家、省、市、县四级非物质文化遗产的保护计划。

另外，作为各级政府部门的领导干部，要对保护非物质文化遗产的重要性有充分的认识，同时能够意识到非物质文化资源的重要价值，要有长远的战略眼光，在发展经济和进行文化活动的过程中，要坚持"以保护促开发，以开发促保护"的理念，不能为了获取短期的利益，而损害珍贵的文化资源，更不能没有节制地对文化资源进行开发。总之，对于非物质文化遗产保护，要制定新政策，强化管理的力度，同时还要谨慎规划、认真实施，这样才能保证这项文化工程的顺利进行。

三、加强宣传教育

非物质文化遗产是人们在生产生活过程中创造出来的，它归民众所有，同时，它的保护和传承也要依托于群众，所以说，人民群众才是非物质文化遗产的创造者、所有者、传承者和保护者。非物质文化遗产的保护不能脱离人民群众，相反，要和人民群众建立紧密的联系，并且非物质文化的保护成果必须能让广大民众从中受益，只有这样，才能真正实现非物质文化遗产的价值，才能真正达到保护和发展非物质文化遗产的最终目的。对于非物质文化遗产保护工作来说，如果不能保证人民群众的积极参与，那么就无法取得理想的成绩，文化遗产的保护和传承，就只能是一纸空谈。所以说，非物质文化遗产的抢救和保护，不只是相关部门的责任，而是一个全社会都应自觉、主动参与其中的重大文化工程，为了达到这一目的，我们应结合现代社会的特点，利用新闻媒体来加强舆论宣传，借此让民众认识到非物质文化遗产的价值，认识到非物质文化遗产保护工作的重要性和紧迫性，从而唤起广大民众的责任意识，使其在日常生活中，能够积极主动地参与非物质文化遗产保护的活动中，最终在社会层面上，形成保护非物质文化遗产的风气，提升民众的文化自信和民族自豪感。2005年12月22日，《国务院关于加强文化遗产保护的通知》中已经作出决定：从2006年起，每年6月的第二个星期六为我国的"文化遗产日"。"文化遗产日"的设立，有助于强化民众保护文化遗产的意识，并促进我国文化遗产保护工作的顺利进行。2006年以来，文化部及各地文化部门借助"文化遗产日"和一些重要的传统节日，开展以非物质文化遗产为主题的展览、讲座、论坛等活动，加强对非物质文化遗产抢救和保护的宣传，在社会上营造浓郁的保护文化遗产的氛围。

在市场经济背景下，一些传统的传承方式与当前价值取向产生冲突，在此形势下，学校教育成为弘扬和传承民族民间文化艺术的主要阵地。如今，怎样科学、合理地将非物质文化遗产融入高校教学体系中，成为很多高校重点关注的问题。2002年10月2日至23日，由联合国教科文组织亚太地区机构和教育部主办、中央美术学院非物质文化遗产研究中心承办的"中国高等院校首届非物质文化遗产教育教学研讨会"在京举行。在这次会议上，代表就非物质文化遗产与当代高等艺术教育相关的问题进行了深入探讨，主要讨论的就是怎样将文化遗产教育融入高校教学体系中，并合理设置相关课程等。这样的探讨和交流，加快了非物质文化遗产资源引入高等教育教学体系的进程，预示着文化遗产相关的新学科将会诞生，同时也体现着多元文化在大学教育中的实现。

四、进行专家指导和人才队伍建设

要想做好非物质文化遗产的抢救和保护工作，必须要有专业理论扎实，且实践经验丰富的专家的指导，因为他们能够从理论的角度出发，对非物质文化遗产保护这项工程进行全面的分析，进而建立一套具有指导性，且操作性较强的理论学说，为非物质文化遗产的抢救和保护工作提供理论依据和支持，并协助国家有关部门，制定一系列政策法规和行之有效的工作方案。例如，甘肃省委、省政府就对非物质文化遗产保护工作予以高度重视，一方面建立了甘肃省民族民间文化保护工程部门联席会议制度，使得各部门的职责得以明确，形成了相关部门协同管理的工作格局；另一方面，邀请省内各高校的知名学者和专家，成立甘肃省民族民间文化保护工程专家委员会，目的是为非物质文化遗产的保护工作提供理论上的指导。为了使非物质文化遗产保护工作具有科学性和规范性，保证其顺利有序地进行，必须要加强保护工作队伍的建设，加强力度培养工作骨干，并邀请从事非物质文化遗产保护工作的专家和学者讲学，提升保护工作队伍的素质，并构建省、市、县三级非物质文化保护工作队伍。

总之，大力发掘非物质文化遗产保护工程的人力资源，积极举办传承和培训活动，提升保护工作从业人员队伍的素质，才能促进非物质文化遗产保护这项重要文化工程的顺利进行。

在"十二五"期间，国家加大力度开展非物质文化遗产保护管理人员、保护工作人员、传承人及行政领导干部的培训工作。通过综合性培训、专题性培训等方式，提升各级文化行政部门主管非遗保护人员、各级非遗保护中心和国家级非遗项目保护单位的工作人员、国家级代表性传承人的整体素质，并着手建立非物质文化遗产保护上岗培训制度。文化部加强与中央党校、国家行政学院的合作，开展领导干部非物质文化遗产保护专题研讨班等。这类措施对提升我国非物质文化遗产保护工作队伍的整体能力和素质具有十分重要的意义。

五、加大财政投入，广开财源

文化遗产的保护必须要建立在经济发展的基础之上。一直以来，正是由于缺少足够的经济支持，很多重要的非物质文化遗产没有得到及时抢救和有效的保护，从而濒临消亡。根据一些地方报告，早些年收集的一些档案材料已经开始发生霉变，录音、录像也因时间太久而报废，有一些单位想要抢救老一辈表演艺术家的表演艺术、演唱艺术、传统戏曲行当的脸谱艺术等，都因为没有足够的经济支持半途而废。此外，建立非物质文化遗产传承馆，建立地方文化艺术档案馆等，同样需要大量的资金。目前，对于一些贫困地区，地方政府首先考虑的就是如何使当地民众摆脱贫穷的现状，因为很难再有精力和财力去建设文化事业。但是，要想等到经济水平提升、民众实现小康生活之后再去抢救和保护文化遗产，则为时已晚。因为到了那时，很多珍贵的非物质文化遗产已经消亡，有的已经在无节制的开发过程中变得面目全非，失去了其原本的文化内涵，在民间文化艺术传承的基础已经崩塌的情况下，非物质文化遗产保护就无法进行，这种损失是没有办法挽回的。我们在实地考察和调研中发现，很多地区都存在非物质文化遗产保护经费不足的情况，特别是在一些基层县、市，由于缺少经济支持，无法添加电脑、摄像机等专业设备，非物质文化遗产保护工作举步维艰，对当地传承人的资助也难以实现。由此可见，要想真正做好非物质文化遗产的抢救和保护工作，最为紧要的就是加大资金投入，给予足够的经济上的支持。所以，国家相关部门可以设立抢救与保护非物质文化遗产的专项基金，用于支持非物质文化遗产的普查、采录、保存、保护、教学、传播，以及资助培养传承人等。各级政府和有关部门也要加大对非物质文化遗产保护工作的资金投入，将保护经费列入年度财政预算，目的是保证非物质文化遗产保护工作的顺利进行。另外，要拓展非物质文化遗产保护资金的来源渠道，可以鼓励当地企业进行赞助，也可以从某些经济效益好的非物质文化遗产传承企业利润中抽取一部分，用来支持非物质文化遗产的保护工作。

第四节　非物质文化遗产保护的法律探索

非物质文化遗产保护法律的颁布，标志着国际社会对文化遗产价值的认识已经从有形价值过渡到了无形价值。

一、非物质文化遗产保护运动兴起的时代诉求

第二次世界大战之后，民族解放运动达到了一个又一个高潮，原来的世界殖民体系开始崩溃瓦解。一方面，原有的殖民地国家及一些备受压迫的民族，亟需取得政权合法性的证明，提升民族凝聚力，因此这些民族和地区原有的传统文化，包括语言、文学、宗教、民俗等，成为其确认独立文化身份的重要依据；另一方面，二战之后，一些国家经济社会秩序十分混乱，在这样的形势下，很多珍贵的文化遗产被人们破坏，有的则流向海外，这引起了当地政府的关注。

以日本为例，早在"明治维新"时期，日本政府为了维护天皇制，保护统治阶级的政治利益，发行了关于文化遗产的保护法——古器旧物保存法，此后又相继颁布了史迹名胜、天然纪念初保存法和国宝保存法。第二次世界大战结束后，日本国内经济发生严重通胀，并且赋税极高，很多民众为了生计变卖文物，导致文物的流失；1949年、1950年的几次火灾，也导致日本文化遗产受损。1950年，日本政府颁布《文化财保护法》，明确提出"有形文化财"和"无形文化财"的概念，并要求"政府及地方公共团体必须正确理解文化财为我国历史、文化等不可欠缺者，认识其为奠定未来文化向上发展的基础，并周密留意彻底致力并切实实行保存的宗旨"。

韩国对日本这一举措进行了借鉴，在1962年，韩国政府也颁布了《文化财保护法》，同样使用了"有形文化财"和"无形文化财"的概念。结合韩国政府颁布这部法案的背景来分析，可以看出韩国政府进行这一举措的原因。一方面，1910年到1945年，韩国一直处于日本殖民统治之下，在长期的文化同化政策的影响下，韩国传统文化受到严重冲击；另一方面，世界第二次世界大战结束后，美国长期在韩国驻军，使得韩国传统文化受到了欧美文化的冲击。在这种形势下，韩国政府迫切地想要唤醒民众对本国传统文化的历史记忆和深厚情感，迫切地想要提升民众的文化认同感。

日本和韩国在本国内直接对非物质文化遗产进行立法保护，玻利维亚则不同，它是最早向联合国教科文组织发出保护倡议的发展中国家。玻利维亚之所以强烈地呼唤保护文化遗产，跟它在20世纪六七十年代遭遇的国家文化安全问题是分不开的。在这一时期，世界政治经济秩序逐渐趋于稳定，传统文化作为文化资源的重要组成部分，得到了广泛的商业开发，特别是一些发展中国家，在经济贸易中，对传统工艺制品及原生态文化艺术的输出比例较大。但是，由于没有有效的保护政策，一些国家的文化经济利益和文化主权利益受到了损害。

在玻利维亚，一些珍贵的传统文化资源，受到了严重的"被动性"商业输出。这些珍贵的文化资源不仅没有得到相应的经济收益，而且在加工成文化商品之后，并没有标明其原本属地，有的还被标上了其他国家的标签，并以十分高昂的价格返销回来。为了加强对本国经济利益和文化利益的保护，玻利维亚政府在1973年4月，向联合国教科文组织提出了在《世界版权公约》中增加一项关于保护民俗的建议书。尽管这份建议书没有被通过，但是它拉开了世界非物质文化遗产保护运动的序幕。

二、《保护传统文化与民俗建议案》的提出

玻利维亚政府提出保护"民间文学艺术"建议案后的第16年，联合国教科文组织在第25次会议上，正式通过了《保护传统文化与民俗建议案》（以下简称《建议案》）。《建议案》中对民间创作的定义为：民间创作（或传统的民间文化）是指来自某一文化社区的全部创作，这些创作以传统为依据、由某一群体或一些个体所表达并被认为是符合社区期望的作为其文化和社会特性的表达形式；其准则和价值通过模仿或其他方式口头相传。它的形式包括语言文学、音乐、舞蹈、游戏、神话、礼仪、习惯、手工艺、建筑及其他艺术。[1]

但是，《建议案》存在着很大的局限性。1999年，联合国教科文组织与美国史密森学会联合召开以"《保护民间创作建议案》全球评估：在地赋权与国际合作"为主题的国际会议。会上，来自厄瓜多尔的代表直接指出："《建议案》基本上把文化描述成'物品'！但文化也是有生命的。"厄瓜多尔的代表之所以会对《建议案》有这样的评价，主要是因为在文化保护的具体实践中，真正得到保护的是

---

[1] 彭兆荣. 文化遗产学十讲[M]. 昆明：云南教育出版社，2012.

物质形态的文化记录标本或者文化器具，其中一部分是以文字、照相机、录音机等现代传媒工具为载体的物化的民俗，另一部分是文化社区用来呈现自己文化的器物，如手工艺品、劳动工具等。

尽管《建议案》存在许多不足之处，但我们不能否认它的价值，在传统文化和民族保护方面，它起到了十分重要的作用。

三、《保护非物质文化遗产公约》的提出

在《公约》还没有颁布的时候，联合国教科文组织于1998年出台了《人类口头和非物质遗产代表作条例》，并启动"人类口头和非物质遗产代表作名录"工程。2002年，联合国教科文组织在伊斯坦布尔召开了以"非物质文化遗产：文化多样性的鉴照"为主题的文化部长圆桌会议，会上针对"人类口头与非物质遗产"概念和1972年通过的《保护世界文化和自然遗产公约》在"文化遗产"保护范畴之间的边界没有厘清等问题，确定了制定新的公约的工作目标。因而，2003年，联合国教科文组织颁布《公约》，并正式启用"非物质文化遗产"概念。《公约》的颁布，有力推动了非物质文化遗产保护机制在世界范围内的建立。

《公约》提出了建立多层次名录保护体系，建立"人类非物质文化遗产代表作名录""急需保护的非物质文化遗产名录""保护非物质文化遗产的计划、项目和活动"等。只要是进入名录的项目，都是通过各缔约国提名及审核决定的。其中，保护非物质文化遗产的计划、项目和活动的入选，也需要现有缔约国进行提名，然后委员会根据缔约国大会批准的标准，同时兼顾发展中国家的特殊需要，遴选出最能体现《公约》原则和目标的国家、分地区或地区保护非物质文化遗产的计划、项目和活动。

四、非物质文化遗产的文化多样性保护

非物质文化遗产作为具体的文化表现形式和内容，跟文化多样性问题存在着十分紧密的联系，这一点在联合国教科文组织所颁布的多项国际文件中不断被重申。2001年11月2日，联合国教科文组织第31届会议通过的《世界文化多样性宣言》中，将文化遗产看作创作的源泉，认为人类的每一项创作，实际上都是来自相关的传统文化。因此，各种形式的文化遗产都应该被重点保护，应该得到合

理的开发和利用,这样才能维持各种创作和建立各种文化之间的联系。

2002年,来自100多个国家的400余名代表在伊斯坦布尔参加第3届文化部长圆桌会议,并通过了《伊斯坦布尔宣言》。在《伊斯坦布尔宣言》中,将非物质文化遗产跟文化多样性保护问题结合起来,指出非物质文化遗产是世界各民族特性的重要构成因素,加强对非物质文化遗产的保护,有利于促进人类文明的多样性,进而有助于提升人类社会的凝聚力,并推动社会的发展和进步。

2005年10月20日,联合国教科文组织第33届大会上通过了《保护和促进文化表现形式多样性公约》。这项公约的根本目标是保护和促进文化表现形式的多样性,并且重点强调,要强化地方、国家和国际层面对文化形式多样性的尊重,并深化对其文化价值的认识。而非物质文化遗产无疑是文化表现形式多样性的重要载体,它充分满足了《保护和促进文化表现形式多样性公约》保护对象的条件,获得了在新的公约框架下的保护与重视。

2007年5月24日,非物质文化遗产国际论坛在成都召开,来自世界37个国家的专家参加了此次论坛,并共同发表了保护非物质文化遗产的《成都宣言》。

可见,《保护非物质文化遗产成都宣言》的核心目的是引起全世界对非物质文化遗产保护的高度关注,通过全世界人民的自觉保护和传承,来守护人类的精神家园,并保护世界文化的多样性,促进人类文化的可持续发展。

第五节 数字艺术与文旅融合视角下的非物质文化遗产保护

一、数字艺术在非遗保护中的应用

(一)数字艺术的概念

20世纪50年代以来,计算机的诞生和发展,特别是在互联网应用的助力下,对人类社会产生了重大的影响,改变了人们生产生活的方式,同时给艺术领域注入了新的生命力,进而产生了一种新的艺术形式,即数字艺术。数字艺术一般又被人们称为"数字媒体艺术",是基于计算机处理制作而成的系列设计、动画、动漫、游戏等艺术相关的作品，并在传播、复制、存储等方面表现出了极大优势，汇聚成了自身独特的语言范式，是现代艺术与技术融合发展的典型成果。正是基于数字艺术的多样化表现形式，给受众带来了强烈的视觉冲击享受，通过图形、图像、软件技术表达，提供了更为广阔的创作空间，满足了受众的个性化审美需求，有助于引起他们的情感共鸣。另外，数字艺术还具有创新性、交互性、趣味性的特点。其中，数字艺术的交互方式分为视觉交互和行为交互两种，人工智能技术的应用平添了其魅力色彩，通过某种设备带给人如触实物般的刺激和反馈，产生了身临其境的感受。从学科的维度上来说，数字艺术是具有代表性的交叉学科，包括技术、艺术、传播、媒体等方面的知识运用，在表现形式和传播形式上有着较强的数字媒体技术依赖性，突出了其本质。宏观信息化时代生态下，数字作为最为典型的标志，引领着创新潮流，并带来了诸多的可能，在艺术领域的植入，使之迸发出了独特的魅力色彩，亦为我国非物质文化遗产的保护与传承创新提供了良好的平台支持，使之附着上了浓重的时代色彩，更容易引起人们的兴趣，参与能动性显著提升。

（二）数字艺术的特点与在非遗保护中的意义

1. 数字艺术的特点

（1）技术性

数字艺术产生于计算机与信息技术的交互作用，其中数字化技术所起到的最主要作用，就是将传统艺术所呈现的艺术要素，转化成数字化的信息，从而体现出数字艺术的数字性特点。另外，数字艺术依托信息化技术，构建了一个能够展示数字信息的平台，该平台的主要作用就是突破媒体和时空的限制，将传统文化转变成数字文化艺术。

（2）艺术性

数字艺术是在传统文化艺术的基础之上产生的，所以数字艺术必然包含传统文化中的文化因素，而且与此同时，在数字化技术的影响下，数字艺术还具有新的艺术特点，从而具备了技术化艺术的特征。另外，相比于传统的文化艺术，数字艺术又具备动态艺术、静态艺术、网络艺术等多种表现形式。

（3）互动性

数字艺术不仅具备传统非遗文化的艺术性，而且还具有明显的技术性特点。

数字艺术可以借助互联网及各种媒体平台，以数字媒体艺术产品为核心，跟人进行互动，并在互动过程中进一步体现其独特性和便捷性。

2. 数字艺术在非遗文化保护中的意义

（1）避免外来文化的影响

在经济全球化的浪潮下，各国之间的文化交流也日益频繁，文化全球化成为未来世界发展的一个重要趋势。文化是一个国家和民族的根，对一个国家和民族的生存及发展有着十分重要的意义，所以，我们必须保护传统文化在我国文化体系中的重要地位。当前，西方国家不断加强文化价值观输出的力度，导致我国青少年群体深受西方文化产品的影响。西方国家产出的蕴含西方文化价值观的文化产品，在一定程度上对发展中国家的文化体系造成了冲击。比如，美国英雄题材的电影得到了世界范围内各地人民的好评，但是，作为美国文化艺术的一种表现形式，其电影中必定体现着美国价值观，人们在观看这些电影的时候，难免会被其文化价值所影响，从而忽视本国文化的传承，这对一个国家的发展来说是十分不利的。总之，在经济全球化、文化全球化的发展趋势中，我们要对东西方的文化交流有理性、客观的认识，不能一味排斥，也不能在学习和接纳的过程中使本国珍贵的文化传统遭受冲击。所以，为了有效地保护我国的非物质文化遗产，我们必须高度重视文化发展传承，同时还要结合时代特征，创新发展手段，合理利用数字技术来拓展文化保护的思路和形式。可见，借助数字媒体艺术来加强我国非物质传统文化的保护，是有重要意义的。

（2）能够有效传播非物质文化遗产

在信息技术时代，对于非物质文化遗产来说，数字化保护是可行性非常高，并且非常有前景的传承方式。传统的文化传承方式局限性太强，受很多条件的限制，而且效果不甚理想，还会导致资源的浪费。而利用数字媒体艺术来开展非物质文化遗产的保护工作，则基本上不会存在这些问题，数字化保护不仅可以节约时间和成本，而且有助于扩大文化传播的范围，拓展文化传播的方式。数字媒体艺术在非物质文化遗产保护方面所体现的重要作用和强大优势足以说明，数字化技术与传统文化的结合，是文化传承与保护工作的正确方向，也是一个必然的趋势。所以，我们要继续加强数字化技术在非物质文化遗产保护中的应用，有效提升文化的传播能力和传播效果。

（3）符合非遗文化的发展需求

由于自身各种条件的限制，非物质文化遗产一般集中在经济水平比较落后的地区，并且当前非物质文化遗产传承人存在老龄化严重的问题，而年青一代又缺乏传承非遗文化的兴趣和责任感，这导致一些珍贵的文化遗产面临消亡的危机。同时，这些经济落后的地区，其非物质文化遗产的保护和传承工作仅仅依靠政府部门所提供的资金是难以维持的。而数字媒体艺术的参与，则可以在一定程度上降低地区经济劣势对非遗文化保护造成的影响，并充分体现非遗文化的文化价值和经济价值，进而利用非遗文化的文化优势来促进当地经济发展。在经济支持下，非遗文化的传承就有了保障，其发展需求也就得到了满足。

（三）数字艺术在非物质文化遗产中的技术体现

1. 数字化保存与存档

以前，人们主要是通过传统的摄影、录像等方法来进行非物质文化遗产保护工作，在一定的时期内，这种技术手段确实发挥了重要的作用，为我们保存了很多珍贵的文化遗产资源，如民间歌舞、戏剧、剪纸等。但是，随着时代的发展，越来越多的文化遗产面临消亡的危险，那些传统的技术手段已经很难满足当前非物质文化遗产保护工作的现实需求，并且存在着一些缺陷，容易产生资料难以长久保存的情况，如音像复制时的失真、录像带老化生霉等。我们今天看到的一些在20世纪五六十年代拍摄的纪录片，画面和声音失真就是这种原因导致的，可见传统技术手段对文化保护起到的作用是十分有限的。在信息技术的推动下，高精度的图形图像技术和设备相继产生，数字化保存与存档技术也得到了进一步的发展。

所谓数字化保护与存档，就是利用二维三维扫描、数字摄影、三维建模与二维图像处理等先进的技术，获取文物图形结构与纹理等信息，然后将其保存起来。目的就是利用计算机建立相关的数字模型，为文物的保护和修复、信息共享、考古研究等提供准确、丰富的数字化素材。

2. 数字图书馆技术

所谓数字图书馆，就是一个依托于计算机和网络传播技术，蕴含海量数字化对象信息的知识仓库，所以说数字图书馆技术是一种新型的信息资源管理模式，这种技术有着收藏和服务的功能，可以更全面、快捷地满足大众的需求。

美国最早提出进行图书馆数字化，美国国家数字图书馆完成的"美国记忆"项目，是全球图书馆数字化改革所迈出的第一步。随后，欧盟国家、加拿大、澳大利亚等国也加紧了图书馆数字化建设的步伐。目前，我国正在该领域进行前所未有的努力。我国的图书馆数字化已经十分普及，并且基本上取得了不错的成绩。如图 4-5-1 所示，为中国国家数字图书馆的架构图。

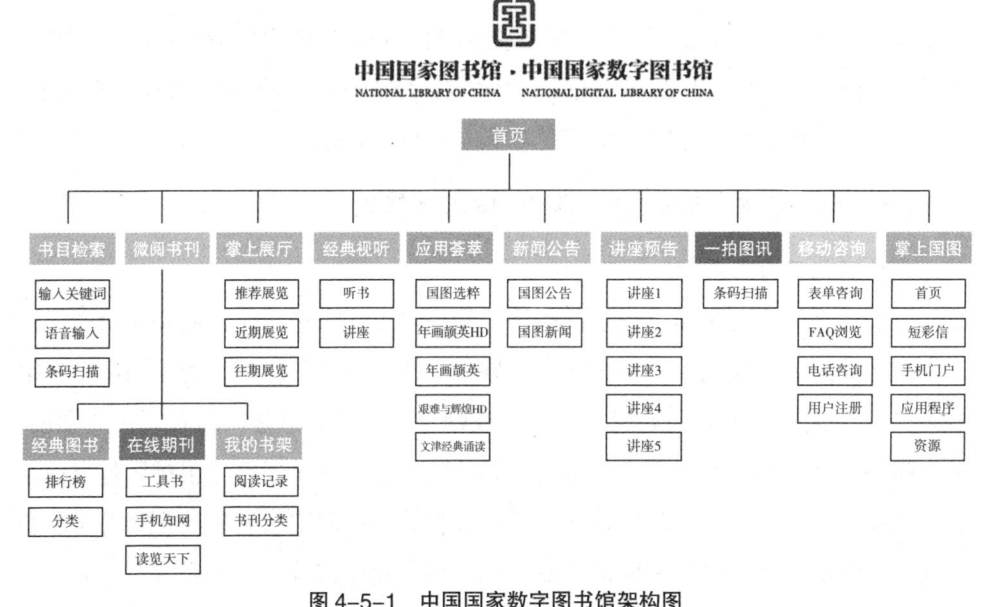

图 4-5-1 中国国家数字图书馆架构图

3. 数字化虚拟博物馆

在信息时代，博物馆的数字化已经是博物馆发展的必然趋势，也是一种不可逆转的时代潮流。在信息技术高度发达的现代社会，很多博物馆不再墨守成规，开始探索新的技术，并积极与科技人员和设计师合作，充分利用计算机技术来进行博物馆展示，有效拓展了博物馆展示的空间和方法。在数字博物馆中，人们只要操作一下鼠标，就可以看到传统博物馆中的展品，并且能够看到展品的详细介绍；通过虚拟现实技术，人们可以在虚拟博物馆中漫游，能够得到真实的参观体验；传统博物馆中的一些珍贵展品是我们很难看到的，而在数字博物馆中，通过互联网，我们就可以对这些珍贵的藏品一饱眼福。

跟传统博物馆相比较，数字化博物馆具有以下特征。

首先，传统博物馆中的藏品是真实存在的，而数字化博物馆中的藏品是虚拟的，是一种通过数字设备进行数字化而形成的信息资源。相比较传统博物馆的藏品存储，这种数字化的存储方式有着很多优势，一方面可以压缩存储空间，另一方面可以方便用户远程查询和浏览，大大提高了信息传播的效率，扩大了信息的利用范围。

其次，多种信息的有机结合。在传统博物馆中，人们只能通过眼睛的观赏来了解藏品的部分信息，而在数字化博物馆中，藏品的各种信息，包括图像、影像、声音、文字等信息，都在多媒体技术的作用下有机地结合起来，所以人们在游览数字博物馆的时候，可以对其中藏品有全面的了解。另外，对于一些观众十分感兴趣的藏品，还可以借助数字化的藏品三维模型进行多角度观察，让观众获得更好的参观体验。

目前，我国很多博物馆已经开始利用信息技术，构建数字化博物馆，如故宫博物院的数字化（如图4-5-2所示）、南京博物馆的数字化、山东大学考古博物馆的数字化、中国客家文化数字博物馆等的数字化工程。

图4-5-2 虚拟紫禁城场景

4.数字化故事编排与讲述技术

数字化故事编排与讲述技术（Virtual Storyteller）是依托于人工智能的一种虚拟环境，它包括虚拟音乐中心、虚拟戏剧中心，这种虚拟环境对很多元素进行了整合，如戏剧、诗歌、故事、音乐等，具有自动编排故事情节的功能，并且具有一定的交互性，也就是说人们也可以参与故事的导演。在口头物质文化遗产的保护中，这种技术可以发挥很大的作用。

韩国首尔Nabi艺术中心举行的以数字技术为基础的非物质文化遗产故事讲

述技术竞赛已经取得了圆满成功，组织这次竞赛的主要目的，就是探索各种不同的数字故事讲述技术，并合理利用这些技术来进行非物质文化遗产的保护。

在荷兰特文特大学组织的虚拟故事讲述系统研究课题中（如图4-5-3所示），研究小组在虚拟环境中构建了一个三维的当地剧场的复制品，即虚拟音乐厅。在这个虚拟的环境中，参观者可以遇到各种具体的代理人，它们能够提供各种信息和娱乐，这个环境中的故事讲述者可以借助具体化的、会说话的代理人来讲述发生的故事。

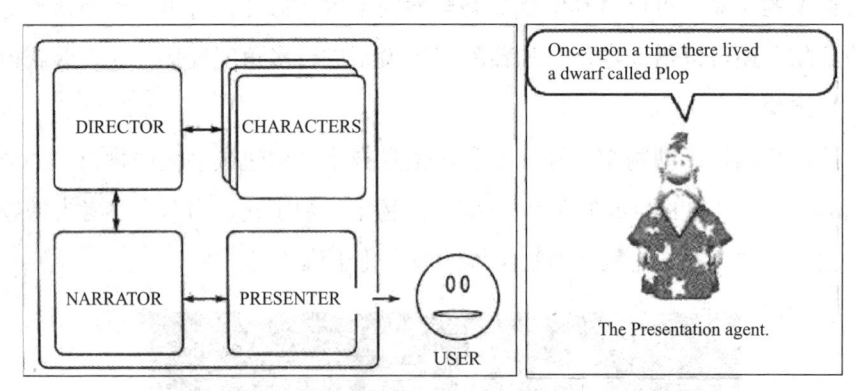

图4-5-3 荷兰特文特大学的虚拟故事讲述系统

5. 数字化舞蹈编排与声音驱动技术

数字化舞蹈编排与声音驱动技术的主要功能和目的，就是将重要舞蹈文化的视觉效果和声音保存起来，并将数字化的相关舞蹈动作和音频做成动作和音频库，从而利用这些信息库开发出舞蹈编排系统。典型的案例有浙江大学现代工业设计研究所开发的楚文化编钟乐舞数字化保护项目，这个项目中应用的Motion Capture技术，给舞蹈编排系统和声音驱动的智能舞蹈编排系统的开发奠定了基础，同时借助网络加强了编钟乐舞的传播，扩大了其影响范围。该研究所研制的编钟乐舞系统利用了激光三维扫描、动作捕获和动画制作等技术，对楚文化特征的人物舞蹈活动场景进行了虚拟仿真。

除了上面提到的几种技术，还有一些数字化技术，如人工智能技术、表面质感建模技术等，在此不再进行详细的论述。总而言之，在信息技术的推动下，科研人员将不断地进行探索和实践，非物质文化遗产数字化及其保护技术将越来越完善。

(四)数字艺术在非遗保护中的优化策略

中国是一个历史悠久的、有着丰厚文化积淀的国家,我们的非物质文化遗产数量在全世界遥遥领先,其中国家级非遗项目有1 300多个,除此之外,还有很多省市县级非物质文化遗产。许多传统文化资源面对当下互联网时代的冲击逐渐式微,也有相当可观的传统文化资源等待挖掘和激活。非遗保护下的传统文化与数字艺术结合,并非两者的简单叠加,而是力求传承创新的过程,以带给受众全新的审美体验,使之与时代共生。

1.丰富资源构成

客观维度上解析,现代科技发展对传统文化遗产保护是一把双刃剑,既带来了机遇,又发起了挑战。传统文化与数字艺术的融合,使之附着上了鲜明的时代色彩,为其提供了更为广阔的创作空间,使其生命延续有了更多可能。但同时,基于互联网搭建的共享空间,加速了世界一体化生态,形成了我国多元文化结构,牵引着人们审美追求的变化,导致传统文化的生存空间不断被压缩,其社会关注度趋低。而今有越来越多的传统文化出现了传承人断代的现象,甚至面临濒临灭亡的危机。对此,要紧紧把握数字艺术发展的契机,深入挖掘传统文化的元素构成,充分利用其传播与存储优势,抢救那些濒临灭亡的工艺及产品形态,并以数字化的方式进行发掘保护,使之永存于世。在具体的践行过程中,依托地方非遗保护政策将传统与现代结合,科技之美与手工之美两翼齐飞,加强传统文化传承的数字化变革,对所关联到的文献、资料、记录、图像、著作、音视频等进行整理和归纳,并按照类别进行横向、纵向分类聚合,生成庞大的数据库系统,详细记录其创作的全过程,从原料到产品,面向更大的社会群体开放、共享,构建传统工艺美术资源网络查询平台,有助于扩大其影响力、知名度,奠定传统文化传承创新的有利条件,且在更多智力资源的关注下,释放出更大的创新活力。从另一个维度上讲,传承人在传统文化数字化开发中的参与,为之带来了更多从业机会,相应的经济收益水平提高,增强了其信心。

2.巧用元素表达

从某种维度视角上讲,数字艺术作为一种视觉化的审美文化创作,以民间生活风俗为题材,实现了丰富的精神内涵传达,区别于文字,点、线、面是其最基本的外在形态,并基于图像语言的加持,更富活力。而传统文化艺术中对点、线、面的处理，为现代数字艺术创作带来了诸多启示。其中，点作为力的中心，能够产生很强的聚集效果。在数字艺术设计中，点的运用极富个性，并呈现出了一种独特的秩序美，同时点动成线的处理，亦是呈现出了动态美。因此，传统文化的传承创新中，要善于对其基本构成元素进行挖掘，善用数字艺术的组织特性，解构画面形态，并通过不同颜色的搭配，进一步增强其震撼效果，从而直抵心灵，使之迸发出浓浓的艺术魅力。同时，文化符号作为传统文化构成系统中最具象征意义的形式，渗透着浓郁的历史凝重感，是其生命的灵魂所在。传统文化中形象寓意在数字艺术中的运用，实现了其精髓的传扬，是非遗保护的核心，也为现代设计提供了丰富的素材支持。在此过程中，传统文化对"线"的运用相当广泛，简洁抽象、概括性强，可精准描绘造型的基本特征，在数字艺术创作中的借鉴，将之有机地融入动画制作中，增添作品的韵律感和节奏感。另外，点动成线、线动成面，增强了画面的直观形象。要深入对中国传统文化中艺术创作机理的研究，透过点、线、面的处理，把握其中精髓，并在数字艺术上实现创新，带给受众更为强烈的视觉体验。

3. 丰富精神内涵

传统文化历经岁月的洗涤，承载着无数劳动者的智慧，是物质财富与精神财富的综合，凝聚着强烈的民族情结。相比西方绘画艺术，中国画作为一种"表现"艺术，常常不是为了追求形似而去描画对象，而是为了表达自我内在思想情感，达到抒情写意的目的。因此，中国传统文化艺术中尤其强调意境的营造，将思想、情感、精神融入景物当中，并留给受众足够的想象空间，触发了后者强烈的共鸣感受。例如，明代水墨画大家徐渭的代表作《墨葡萄图》，透过画作上的水墨流动与诗意，可以感受到不可磨灭的英雄气概。非遗保护下的传统文化与数字艺术传承创新，绝非画面再现那般简单，而是对其中思想情感的解读，并使之附着上时代的意味，令人可以领略到强大的精神感染，获得独特审美享受的同时，产生浓重的民族自豪感和文化自信心，而这也正是非遗保护的核心要义所在。在此过程中，数字艺术对传统文化进行了升华，是进一步增强其生命力的关键所在。数字艺术作为一种全新的艺术门类，在传统文化传承创新中的功能优势毋庸置疑，深入挖掘其中的思想精神元素，并通过构成点、线、面的重置，使之获得新生，让当代人找到所缺、所想、所需的精神和文化境界，是其思考的重点课题。

对此，数字艺术创作者应当深入对传统文化的研究，立足时代所需，善于挖掘其中的精神特质，迎合世人审美个性，着重渲染其内涵建设，如此才能吸引更多受众的注意。

4. 改革传播形态

数字艺术视角下，传统文化传承创新有了更多的表达范式，并且突破了以往的时空限制，实现了向更大范围的传播和影响，是其长存于世的关键所在。传统文化作为物质文化与精神文化的汇聚，在历史长河的冲刷下，不断流失，受主客观因素的影响，部分遭受到了严重的破坏，这是民族的一大损失，不禁令人扼腕。对此，要充分发挥数字艺术的优势，在已有的资料支持下，还原传统文化艺术作品破坏的部分，并在此基础上进行创造，既要尊重传统手工艺制作的特质，又体现出数字时代的特征，为传统文化的传承开辟新的路径。同时，借助数字艺术之手，进一步丰富传承创新的形式，如剪纸、木板年画、泥泥狗等，以此为素材来源，创作富有中国色彩的视频动画，对其进行重新包装，以动静相结合的方式呈现给观众，带给其焕然一新的感觉，潜移默化中提高其对传统文化的认知，并成为传承的一分子。

另外，推动传统文化的博物馆化传承，对正在消亡甚至已经消亡的文化遗产、民间工艺等进行集中保护，并通过数字艺术处理手段，带给受众新奇的体验。在此过程中，可积极导入现代数字技术应用，通过音视频、游戏、全息投影、虚拟现实等方式，还原传统文化衍生的时代场景，增强其身临其境般的感受，通过逼真、立体地展示，使之为古代人的智慧所折服，并由此产生浓浓的民族情感。文化创意战略视角下，传统文化与数字艺术耦合，有着巨大的可为空间。

二、文旅融合背景下的非物质文化遗产保护

（一）文旅融合背景下的非物质文化遗产和文化旅游

1. 经济全球化背景下文化衍生出文化产业

中国在上下五千年的历史进程中，孕育了很多优秀的传统文化。在经济全球化的浪潮中，东西方在文化上的交流也越来越深，这种交流在促进文化多元发展的同时，也对我国一些珍贵的传统文化造成冲击，在这样的形势下，保护和传承

中华民族优秀的传统文化，是每一个中国人不可推卸的责任。如今，文化早已渗透到经济、生活的各个方面，经济活动与文化活动的界限已经变得模糊，而现代文化与经济的碰撞已发展成为"产业群"。这类文化产业以文化为基础，通过打造艺术性活动的相关生产、销售系统，打造具有文化特色的演出和产品，从而获得经济效益。

2. 文化是旅游产业蓬勃发展的核心要素

旅游是当代社会一种常见的经济文化现象。随着社会经济水平的提升，人们的生活质量越来越高，渐渐地，人们不再满足于丰富的物质条件，开始追求充实的精神文化生活。因此，在旅游的过程中，人们非常热衷于购买文化、享受文化和消费文化，于是旅游经营者便有了市场，有了经营文化的动力，会加大力度生产文化、销售文化。文化旅游可以分为四个层面：①历史文化层，这一层面的代表元素为文物、遗址、古建筑等；②现代文化层，这一层的代表元素为现代文化、艺术、技术成果；③民俗文化层，这一层的代表元素为居民生活习俗和各种节日庆典等；④道德伦理文化层，这一层是以人际交流为表象的。随着旅游开发由横向转变为纵向的发展和挖掘，众多的旅游地早已被人们熟知，人们更在意旅游地区文化的内涵和深度。过去旅游产业靠游客数量来增加经济效益，现在的旅游产业更多是依靠内涵丰富的文化、特色鲜明的旅游产品和服务，吸引旅游者的目光。现代互联网的发展与旅游相结合，可使一个旅游地区文化内涵更鲜明、丰富，旅游经济也更发达。

3. 非物质文化遗产成为文化旅游产业的重要内容

在人们的精神世界里，那些负载沉重、内涵丰富的观念和意识的产品，逐渐消解了历史的原义，变成了以审美或娱乐功能为主的艺术产品。虽然这种观念和内涵的转换、淡漠，仍发人深省，但却是历史选择的结果。有数据显示，当人均国内生产总值达到 5 000 美元时，旅游业将迎来爆发性增长。[①] 中华文化博大精深，各个民族的文化特色鲜明、内涵丰富。随着社会经济的发展和交通的便利，各地区的人们互通有无，来往频繁，旅游产业更是发展迅速。如今，非物质文化遗产作为地区独有且富有内涵的文化，渐渐成为重要的文化旅游产业资源，正在不断地发展。文化旅游产业成为非物质文化遗产传播和传承的重要途径和方式，其散

---

① 骆有霜，班秀琳，罗桂群，等. 非物质文化遗产与旅游融合策略[J]. 当代旅游，2021，19（11）：9-13；34.

发的独特文化魅力，深受旅游者喜爱。

4. 文旅融合背景下非物质文化遗产传播和传承的新思路

随着非物质文化遗产成为文化旅游产业的重要内容，以及文化旅游产业与非遗项目的充分融合，相关部门可考虑使非遗资源变现，在促进旅游产业发展的同时，推进非物质文化遗产的传播和传承。在这个过程中，相关人员可以从以下几个角度考虑：首先，旅游地区充分宣传当地非物质文化遗产特色，增加非物质文化遗产相关旅游产品，让旅游者能够近距离感受非物质文化遗产的艺术魅力；其次，挖掘非物质文化遗产的潜在价值，将非遗经典文化与现代流行元素结合，提升文化旅游产品的质量和价值，增强游客的体验感；最后，多举办非物质文化遗产相关的文化演出活动，如节日庆祝活动、供游客观看的节目、特色街区等，增加非物质文化遗产的影响力，展现非物质文化遗产的魅力，使非物质文化遗产更具活力，与人更亲近。

5. 文旅融合背景下非物质文化遗产传播和传承的优势

文化与旅游的融合使非遗有了更好的发展环境，旅游项目的不断开发和创新也给当地人（包括非遗传承人）带来了更多的就业机会，人们的收入增加，生活水平也随之提升，之后非物质文化遗产的传播和传承也会吸引更多年轻人的加入。非物质文化遗产自身的魅力和价值，以及其不断地传播和传承，也给文化旅游产业带来更多的财富和社会价值，从而推动社会的全面发展，是贯彻落实科学发展观的重要表现，也能够体现一个地区的文化内涵和人文素养。

（二）文旅融合背景下非物质文化遗产保护的原则

1. 整体性

非物质文化遗产是人类在长期发展过程中产生和积累的，一般情况下，非物质文化遗产并没有固定的传承模式。所以，相关旅游项目在进行非物质文化遗产的保护和传承工作时，要注意项目的核心内容和关键特点得到保护，要严格遵循非物质文化遗产保护的完整性原则。在此前提下，还要对具有新时代特色的项目内容进行宣传，目的是避免仅传承非物质文化遗产的外在表现形式，而忽略了其内在文化要素和精神内涵。

2. 地域性

以启东为例，它作为一个移民城市，其许多非遗项目是在和其他地域文化的相互交流、碰撞过程中产生的，甚至有一些非遗项目完全来源于其他地方，然后在此得到发扬的。比如，"评弹北调"，就是苏州评弹和启海方言相互结合的产物。而在对"评弹北调"这一文化遗产进行宣扬的过程中，我们不能因为它有着苏州评弹的元素，就完全忽视其中的"北调"特色，这违背了非物质文化遗产的本真性和整体性原则。总之，地域性特征是非物质文化遗产形成和发展的根基，任何非物质文化遗产，都必然包含丰富的区域文化和历史化文化要素，所以在文旅融合背景下，对非物质文化遗产进行保护和传承时，要特别尊重其地域性特征。

3. 创新性

随着时代的发展，非物质文化遗产与旅游业的融合日益加深，在这样的背景下，非物质文化遗产的传播方式要不断创新，要追求多样化，要融入更多的时代要素，并合理利用先进的数字化保护模式，以及其他更新的、更受欢迎的传播渠道。在文旅融合发展过程中，要注意将非遗项目与相应区域内旅游的吃、穿、住、行、玩等方方面面进行有效的融合，同时要特别注意融合形式及手段的创新。在文旅融合这一形势下，非物质文化遗产与旅游文化之间构建起一种共生的关系，依托于旅游产业的发展，可以开发具有区域特色的文创品牌，这对于非物质文化遗产的传承和发展具有十分重要的意义。

（三）文旅融合背景下非物质文化遗产保护的机遇

1. 非遗资源融入旅游项目

在我国传统文化的范畴中，非物质文化遗产是重要的组成元素，它是我国一个区域和民族的风俗及价值观念的集中体现，是千百年来沉淀下来的珍贵的文化财富。近些年来，随着文旅融合的深入发展，以及各省区市支持文化和旅游融合发展的地方性指导意见的出台，有效促进了以非物质文化遗产保护、传承和展示为核心的非遗旅游项目的发展。非遗旅游项目是在保护非物质文化遗产的前提下进行开发的，将非物质文化遗产合理地融入旅游景区中，一方面可以提升景区的观赏性和文化内涵，使其对游客更具有吸引力，另一方面可以在无形中实现非物质文化遗产的宣传和保护。在旅游体验中结合非物质文化遗产旅游项目，可以让游客在游玩的过程中，感受到中国传统文化的魅力，同时，非遗项目可以增加旅游景区的文化底蕴，从而吸引更多游客，有效提升景区的知名度，并使景区获得更大的经济效益,更重要的是借助旅游的方式也促进了非遗文化的传播与传承。以贵州省黔东南州为例,该地区积极开发以"非遗体验"为主题的旅游景区业态新模式。目前,这一项目已经将侗族大歌、侗族木构建筑营造技艺、蓝靛染技艺、苗年体验、吊脚楼营造技艺、苗族飞歌、苗族芦笙舞等非物质文化遗产元素和相关的文化产品融入了州内西江苗寨、镇远古城、丹寨万达小镇等重点旅游景区。这一举措促进了以非遗文化为代表的优秀传统文化的创造性转化,对非物质文化遗产的创新性发展也有着十分重大的意义。

2.旅游项目支撑非遗项目传承传播

跟其他文化形态相比,非物质文化遗产的性质更加特殊,它的传承和传播也比较特别,旅游项目的开发拓展了非遗文化的传播渠道,并且在传统的传播方式中注入了新的活力,让游客在参观景区和参与相关活动的过程中,可以获得文化知识,感受非遗文化的独特魅力。通过旅游产业的创新开发,非遗项目以一种全新的面貌呈现在游客眼前,有效地满足了游客的感官需求。游客通过参与非遗旅游项目,可以对当地的民风、民俗产生更深刻的了解,并认识到非遗项目的重要价值,从而树立人们的文化自信,唤起人们自觉保护和传播非物质文化遗产的责任感,并使其能够主动参与非遗项目的建设和传承。

首先,旅游的发展可以促进非物质文化遗产结构上的调整。对于非物质文化遗产的保护,不仅仅保护的是这种客观存在的文化遗产,还要保护遗产生存的人文及历史环境。非物质文化遗产的保护需要与开发有效地结合在一起,通过现代技术及各种传播途径相结合,改变非物质文化遗产的现状,成为地域经济增长的一个创收项目。发展旅游业是促进第三产业的进一步扩大与完善,旅游业可以和非物质文化遗产相结合,可以吸收大量的从事非物质文化遗产的人员,给非物质文化遗产提供了一个展示的平台,使得来旅游的八方游客都能一睹祖先留下的珍贵文化遗产,对传承人来说,游客购买了非物质文化遗产相关的文化创意产品,实现了非物质文化遗产的经济价值,也能促进传承人及从业者的经济收入,增加他们投入非物质文化遗产保护与宣传工作中的热情,潜心于非物质文化遗产更多的惊艳展现。

其次,旅游的发展可以促进非物质文化遗产表现形式的恢复。虽然现在对非物质文化遗产的保护力度在不断加大,但许多珍贵的文化遗产也面临着消亡的危险,最根本的原因是它们在现代社会找不到相衔接的地方,使得其在极小的范围内存在,不为大众所知,当然发展的空间也是日渐窄小。旅游的发展,将当地独特的非物质文化遗产作为游客体验的项目,巧妙地传承下去,游客到了一个地方,会对当地的文化、风俗习惯等感兴趣,其中体验项目中可以融入非物质文化遗产的相关内容,赋予非物质文化遗产表现形式的现代性,像陕西的木版年画、潍坊的风筝、纳西族的古乐等,这些非物质文化遗产都在旅游项目中得到了激活。

旅游对非物质文化遗产的保护,在世界范围内得到了认可并进行积极的推广,1980年的世界旅游日所确定的主题是"旅游的贡献:文化遗产的保护以及和平和相互理解";1999年所确定的主题是"旅游业:为新千年保护世界遗产"。现代的旅游开发与非物质文化遗产的开发相结合,将旅游的趣味性与非物质文化遗产的文化性相结合,在战略和具体实施上有了长期的发展规划。

最后,旅游的发展对非物质文化遗产的相关从业者产生了积极的影响。旅游的发展催生了市场的多样化发展。对于非物质文化遗产来说,不仅体现的是客观的实惠与经济效益,为从业者的创收提供了保障,更重要的是非物质文化遗产所蕴含的较大的市场潜力,使人们重新审视其所生活的环境,以及独特的文化内涵,珍惜这些现有的宝贵资源。非物质文化遗产有了市场价值之后,年青的一代也会不断地理解及认识非物质文化遗产的独特性,一些文化遗产不再是束缚当地人民的文化,而成为吸引游客体验的具有新奇性与文化性的资源。拥有了市场潜力,就可以将文化的力量转化为经济的效益,可以为非物质文化遗产提供更多的经济支持,培养更多的传承人,为非物质文化遗产的发展与传承开通了一条有效的道路。

3. 非物质文化遗产对未来旅游产业发展的带动作用

我国的旅游业一直有与非物质文化遗产相结合发展的传统,但这一结合发展的模式目前还没有较好的案例来作为行业结合的范例,来促进二者的深度结合。所以将非物质文化遗产与旅游业进行深度的结合,积极发挥非物质文化遗产对未来旅游业的带动作用,其带动的作用表现在未来旅游业的可持续发展之上。要实现带动作用,还需要对非物质文化遗产的核心举措进行细致剖析。

(1)保护非物质文化遗产是实现旅游业可持续发展的重要途径

在旅游业不断发展与繁荣的今天,旅游的形式多种多样,而旅游者的文化素

第四章　数字艺术与文旅融合视野下的非物质文化遗产保护

养也不断地提高，越来越多的旅游者不单单是欣赏当地的自然风景，还注重旅游中文化、审美层面的学习与认识，所以非物质文化遗产的继承与旅游产业的进一步结合是历史发展的必然趋势。但在任何时候，我们都需要有一个清醒的头脑，应该清醒地认识到：我们有什么样的特色资源？需要什么样的发展？非物质文化遗产保护底线在哪里？超过这样的底线会造成什么样的后果？在这里需要明白的是非物质文化遗产是一种不可再生的资源，一旦遭到破坏，就无法挽回，所以在非物质文化遗产保护与继承的过程中，我们应该秉持这样的原则：给当地带来效益的同时，也能增强地方的文化自信与骄傲，保持本地文化与经济、传统与现代的和谐状态。

在保护文化遗产原真性的基础上获得良好的经济效益，未来旅游业发展的一大趋势是旅游区不仅仅靠自然风光来吸引众多游客，更重要的是要打造一个具有丰富文化底蕴、形式多样的文化圣地，只有将文化因素融入旅游业才能得到长久的发展。非物质文化遗产的属性包括：第一，物质属性，具有欣赏教育的价值；第二，经济属性，在非物质文化开发的过程中直接或间接包含着经济效益。其中，存在价值是基础，经济属性是附加值，要在保护的前提下加以开发和利用。目前，一些发达国家十分重视非物质文化遗产对旅游业的带动作用，一方面要保护文化遗产资源，另一方面要促进非物质文化遗产的开发和利用。只有进行开发和利用，其保护才能实现真正的长久性，同时也赋予了非物质文化遗产以强大的生命性与时代性，为人类服务，使其继续传承下去。

（2）三大核心举措助力旅游发展

要想有效利用非物质文化遗产，突破高速期的旅游业发展模式，促进新的增长模式的形成，首先要实现多层次的结构性破题，其核心在于以下三个方面。

①依托改革，提高非物质文化遗产的转化效率

这必须要求产业的增长转向基于全要素生产率的效率模式。从目前来看，我国旅游业发展尚没有太多成熟的经验，特别是在非物质文化遗产的旅游利用方面，面临着很多问题。比如：非物质文化遗产的利用享受较低的使用成本，但非物质文化遗产的转化面临着各种资源的高消耗问题；在非物质文化遗产转化过程中，文化深化程度和科技结合程度没有达到理想的标准；业态升级缓慢，产品替代频次低；等等。以上这些问题如果不能得到合理的解决，那么就无法提高非物质文

化遗产的转化效率。在未来的文旅融合发展过程中,对于非物质文化遗产的应用,要注意三个问题,即注重改革对于生产力的松绑,注重市场对综合创新力的激活,注重知识与科技对产业的结构性进化。

②围绕市场,推进旅游文化消费的深化

非物质文化遗产与旅游业相结合,是我国旅游发展的重要模式,也是中国旅游消费的重要形态,但目前来看,这种消费的深化是不够的,文化附加值仍然处于较低的水平。要想实现旅游文化消费的深化,主要的问题就是怎样建立适应需求的供给。当前,随着社会经济的发展,旅游需求发生了翻天覆地的变化,消费者逐渐掌握更多的主权,市场需求越来越难以满足,面对趋势性的升级和结构性的降级并存的局面,快速增长期相对刚性的供给体系,难以应对新的市场变化,供给要适应弹性化、柔性化、快速化的变革需求。

③拓展发展边界,建立前沿拓展型的创新模式

我们现在所进行的非物质文化遗产的旅游利用,基本是对其他旅游先发展国家的学习和模仿。但是,随着经济的发展,我国旅游业已经走在世界旅游业发展的前沿,在这样的形势下,我们能够学习和借鉴的其他国家的旅游发展经验越来越少,所以在接下来,我们必须结合本国实际情况,自主开发新的旅游发展模式,包括商业模式、创新模式和人才模式的创新与转变。

(四)文旅融合背景下非物质文化遗产有效保护和传承的途径

1. 制作旅游周边商品

非物质文化遗产的魅力在于其蕴含的文化底蕴,而这些文化往往可以融入非物质文化遗产景区的方方面面,使其作为景区整体的特色,或是成为景区的地标建筑乃至景区的代名词。因此,景区可以根据非物质文化遗产的特点,制作相关的旅游周边商品,不但能够让游客对旅游过程印象更加深刻,还能够加深游客对非物质文化遗产的理解。一般而言,非物质文化遗产周边商品有两种形式,一种是结合当地的文化习惯,代代相承的传统工艺作品,这类作品特色鲜明,体现出浓厚的当地文化色彩。一些地区文化底蕴丰厚的非物质文化遗产景区,可以售卖这种形式的周边商品,向外来游客展现当地文化的魅力。而另外一种则是将景区的一部分特色制作为工艺品,可以是景区的卡通形象,也可以是地标建筑的模型,总之需要与景区的主要特色相结合,让游客印象深刻,从而达到弘扬非物质文化

遗产的目的。这两种商品形式分别代表传统与现代两种文化表现形式，能够在非物质文化遗产的保护过程中起到良好的作用。

例如，平海古城在进行创文宣传的过程中，就大量融入了渔歌、凤舞等非物质文化遗产的卡通形象，这些卡通形象不仅丰富了宣传标语的文化内涵，更让更多的游客切实感受到非物质文化遗产本身独有的魅力，加深游客对景点的了解。通过对游客的问卷调查不难发现，大部分游客都是在游览的过程中通过这些卡通形象了解当地的特色文化。

2. 积极利用信息技术宣传非物质文化遗产

随着互联网的普及和信息技术的不断发展，越来越多的旅游景区通过互联网进行宣传，这种以信息技术为核心的旅游宣传方式能够整合有限的资源，让更多的人了解景区特色。因此，对于非物质文化遗产而言，同样可以采取这样的方法，利用互联网高效便捷的特点，让更多外地游客深入地了解非物质文化遗产的特点，从而让非物质文化遗产得到有效传承。在宣传的过程中，非物质文化遗产管理部门可以积极利用社交媒体等渠道进行宣传。比如：对于歌舞类非物质文化遗产，可以拍摄歌舞短视频；对于书画类非物质文化遗产，则可以拍摄精美的图片，搭配合适的音乐，通过新媒体的形式进行宣传。开封鼓楼景区就通过宣传片的形式，将开封鼓楼夜市的景象通过社交媒体进行传播，让各地游客深入了解开封地区的美食文化，在推动当地旅游的同时弘扬了非物质文化遗产，值得其他非物质文化遗产管理部门借鉴参考。

3. 结合当地民俗文化习惯

旅游不仅是对某个景区或景点的参观，更重要的是体验当地的民俗习惯。对于外来游客而言，在参观景区过程中感受浓厚的民俗习惯同样是旅游体验的评判标准之一。因此，旅游景区不但要注重景区内部的建设，还要结合当地的民俗习惯，满足游客的个性化需求，选择一些富有当地特色的内容融入非物质文化遗产景区中。例如，在一些民族地区的非物质文化景区中，就可以通过表演民族歌舞、表演相关节目，使游客拥有的视听体验。除了艺术表演，食物、服饰、艺术作品都是展示当地文化习惯的良好工具，游客在参观的过程中能够透过这些文化元素，从不同角度深入了解当地文化，体会最真实的地域风情。另外，还可以通过建立博物馆的方式，将富有当地特色或非物质文化遗产有关的内容进行展出，帮助游客了解非物质文化的发展历程，从而对其产生兴趣。例如，西安市非物质文化遗产博物馆就将现代生活中难以接触的纺车、风箱等物品进行陈列，同时将富有当地历史特色的农家小院、店铺等进行还原，与当地的旅游景点相互结合，共同描绘出一幅优美的西安特色非物质文化遗产画卷。

4. 强化对非物质文化遗产的保护意识

对非物质文化遗产而言，相较于具体的保护措施，非物质文化遗产保护意识的强化更为重要。在具体实施过程中，除了有关部门和学校要加大对非物质文化遗产的宣传力度，非物质文化遗产管理部门更要采取一系列措施让人们意识到保护非物质文化遗产的重要性。例如，可以和有关部门或企业展开深入合作，拍摄一些与非物质文化遗产保护有关的视频短片或影视作品，如青海就通过设立非物质文化遗产宣传月，利用集中培训、座谈研讨等形式，开展非物质文化遗产的宣传和保护工作，当地旅游部门更设立了非物质文化遗产购物节，通过线上与线下相互结合的方式展示非物质文化遗产保护成果和相关案例，在带动当地经济的同时促进了非物质文化遗产的保护。

第五章 文化遗产旅游品牌建设

本章主要讲述了文化遗产旅游品牌建设,主要从以下三方面进行具体阐述,分别为旅游品牌理论、旅游品牌构建过程中存在的问题和数字艺术与文旅融合趋势下的品牌提升战略。

第一节 旅游品牌理论

一、旅游品牌的界定

(一)品牌的内涵

"品牌"翻译成英文是 brand,brand 是由古挪威文 brandr 演变而来的,brandr 是"烧灼"的意思。当时,人们通过"烧灼"方式将自己的私有财产进行标记,从而与其他的私有财产进行区分。欧洲的中世纪,手工艺人也运用了这种方式,在自己的手工艺品上打上烙印,从而让自己的产品具有可识别性。因此,"品牌"这个词虽然在现代才出现,但是"品牌"早在很久之前就已经被应用在各行各业中了,很多至今还在流传。

品牌作为一个现代意义上的概念,出现在 20 世纪 50 年代。此后,品牌发展战略逐渐成为一般商业领域内企业增强竞争力的重要战略。随着品牌意识的不断发展,1955 年,伯利·加德纳(Burleigh Gardner)和西德尼丁·利维(Stdney Levy)在《哈佛商业评论》发表了文章,提出了"产品与品牌",认为品牌在创建过程中不仅要超越差异性,还要超越功能主义,并在个性价值开发上进行了强调。品牌的概念是由当时的著名广告策划大师大卫·奥格威(David Ogilvy)于 20 世纪 50 年代提出的,并对品牌进行了概念界定:"品牌是一种错综复杂的象征,它是品牌属性、名称、包装、价格、历史声誉、广告形式的无形总和。品牌同时也是消费者对其使用的印象，以及自身的经验有所界定而有一定的差异性。"[①] 品牌的内涵所涉及的要素有很多种，品牌的内涵将产品与消费者印象进行了集合，并呈现出一定的差异性。美国著名的营销大师菲利普·科特勒（Philip Kotler）给出了另外一个关于品牌的概念，即"品牌是一种名称、术语、标记、符号或设计，或是它们的组合运用，其目的是借以辨认某个销售者或某群销售者的产品或服务，并使之与竞争对手的产品或服务区别开来"[②]。显然，菲利普·科特勒对品牌的界定比大卫·奥格威更为简单，仅从符号化的层面对品牌进行了解释。菲利普·科特勒还提出了品牌是由一种或者多种要素组成的，主要是为了与竞争者的产品或者服务有所区分。

总之，品牌主要用来对不同的企业、不同的产品和不同的服务进行区分，可以是一种名称或术语，可以是一种图案、标记或者符号，也可以将这些要素组合起来。随着时代的发展，品牌也在不断地发展，品牌的含义和功能得到了拓展，除了是一种标记或者符号，还代表一个企业或者产品的形象，也蕴含了一定的文化内涵。

一般来说，很多产品都可以被模仿、复制，市场上的雷同现象非常严重。但是品牌化的产品具有一定的独享性、无形性、扩张性，更具有一定的文化性，模仿和复制起来是很难的，是在市场竞争中脱颖而出的关键所在。因此，当产品在使用价值相似的情况下，消费者更倾向于购买具有市场知名度和美誉度的品牌产品，因为有品牌的保证，即产品质量或服务的保证，同时也省去了选择陌生产品所带来的风险。除此之外，品牌是产品的一种符号，具有一定的象征意义，能够为消费者带来额外的价值意义，一些品牌能够代表一个人的社会地位，反映一个人的品位和价值观，品牌不仅让产品具有了个性化的内涵，还让产品具有了社会化和多元化的内涵。

（二）旅游品牌

与一般产品品牌相比，旅游领域的品牌发展起步较晚。随着旅游企业之间竞争的日益激烈，使得品牌发展战略逐渐成为旅游企业能够赢得市场优势的必然之路。

[①] 王海涛. 品牌竞争时代，开放市场下政府与企业的品牌营运 [M]. 北京：中国言实出版社，1999.
[②] 菲利普·科特勒. 营销管理 [M]. 梅清豪，译. 北京：中国人民大学出版社，2005.

20世纪90年代，学术界开始对旅游品牌进行了相关研究，但是，不同的学者，对旅游品牌的概念持有不同的观点。其中，有学者对旅游品牌的概念进行了相对全面的表述："狭义的旅游品牌是指某一种旅游产品品牌，是建立在旅游资源或旅游地域的独特性上，整合旅游产品的品质、特色、名称、标识、个性形象及市场影响力等要素的一个综合性概念，是指能给游客带来独特精神享受的一种利益承诺；广义的旅游品牌具有结构性，包含某一单项产品的品牌、旅游企业品牌、旅游集团品牌或连锁品牌、公共性产品品牌、旅游地品牌等。"[①] 旅游品牌不仅能够让旅游消费者对旅游产品进行区分和识别，对旅游服务进行区分和识别，还能促进游客的消费。旅游品牌一旦在市场上形成了一定的知名度和美誉度，对旅游企业在市场中的竞争非常有利。

文化旅游品牌是在文化的基础上建立起来的，蕴含着文化的内涵和特色。文化旅游品牌的树立也彰显了旅游产品的个性化，得到了游客的高度认同，能为游客提供与众不同、高质量的文化旅游产品和服务，从而让游客在文化旅游方面的需求得到满足。总之，文化旅游品牌是一种具有文化性、个性和独特性的旅游品牌。随着文化旅游品牌的发展，其被纳入了文化品牌的范畴，与其他文化产业的品牌并列存在，因此文化旅游品牌具有旅游品牌和文化品牌的双重属性。文化产业和旅游产业之间进行了不断的融合，具有文化特色的文化旅游品牌需要进行不断的创新和创造，这是旅游产业的大势所趋。

二、旅游品牌的构建过程

构建旅游品牌的过程是动态发展的，其中包含大大小小不同的环节。旅游品牌建设的目的是增强景区在旅游市场的竞争力，建设的核心是构建旅游景区品牌资产，在品牌方面建立一定的管理体系，对品牌进行准确定位，对品牌进行良好的设计，对品牌进行一定的传播，对品牌进行良好的保护，对品牌进行一定的延伸，对品牌进行不断的创新，这些都有利于提高景区的市场竞争力。因此，旅游品牌的构建一般包含以下几个环节。

[①] 梁明珠. 城市旅游开发与品牌建设研究 [M]. 广州：暨南大学出版社，2009.

（一）旅游品牌定位

"品牌定位就是使得品牌在消费者心目中占据一个有利的地位。这里的'有利的地位'包括两层含义：一是指品牌名称在消费者心目中成为类别产品的替代物；二是指品牌名称在消费者心目中成为产品独特属性的代表。"[①] 在品牌构建过程中，品牌定位是关键环节，对品牌进行定位之后，才能围绕定位进行品牌产品的包装、设计与营销。品牌定位以旅游市场的调查、游客的需求、旅游目的地的资源和周边旅游目的地的对比分析为依据。

（二）旅游品牌设计与开发

旅游品牌的设计与开发是对旅游品牌形象进行塑造的具体环节，就是以品牌定位为基础，对自然、人文资源进行整合开发，将旅游品牌的核心竞争力通过各种形式的旅游产品和服务向旅游消费者展示出来。旅游品牌的名称、标识、宣传口号、产品与服务、旅游商品等要围绕品牌定位进行规划和设计，要体现旅游品牌的文化内涵、价值承诺和游客的需求。

（三）旅游品牌营销与传播

旅游资源开发和旅游品牌的构建离不开合理的营销和传播。成功的营销传播手段不仅能够促进旅游目的地相关产业的发展，而且还能够大大提升旅游目的地的品牌知名度和影响力。

旅游品牌的营销和传播主要指的是根据旅游品牌需要将传播与营销进行有效的结合，不仅要对传播渠道进行综合的运用，如报纸杂志、广播电视、网络新媒体等，还要进行一定的营销活动，如促销活动、会展活动、节庆日活动等，二者共同对旅游品牌进行适当的宣传和合理的推广，从而扩大品牌传播的影响力。所有与旅游消费相关的内容基本上能够成为一种对旅游品牌进行营销和传播的渠道，当然，营销可以看作是传播的一种手段。因此，整合营销传播理论被提出了。

营销传播的概念是由唐·舒尔兹（Don Schultz）于1993年提出的，他当时是美国西北大学的教授。但是，他提出的营销传播的概念属于广义的概念，是指对所有公司和品牌能够接触到的信息源进行利用，以此来吸引消费者的注意力，

[①] 叶明海. 品牌创新与品牌营销 [M]. 石家庄：河北人民出版社，2001：283-298.

扩大品牌影响力，促进消费者消费。营销传播的狭义概念是将能够为品牌带来附加价值的各种传播手段进行不同的组合，以此来制订综合计划，从而让提供的信息变得更加清晰和连贯，让传播的影响力达到最大化，其中传播手段包含普通广告、直接反映广告、销售促进和公共关系等。

（四）旅游品牌管理与维护

旅游品牌在形成了一定知名度和美誉度之后，会产生一种无形资产价值，也是品牌资产。而要在激烈的市场竞争中维护品牌的可持续发展，就必须注意对品牌的管理。旅游品牌的管理和维护是贯彻在整个旅游品牌的构建过程中的，包括品牌确立后对品牌商标的保护、产品质量的把关、旅游设施服务、员工的管理、游客的反馈、品牌的延伸等，都是品牌管理和维护的内容。

综上可知，对一个品牌进行构建，先要对旅游的资源和价值进行挖掘，挖掘之后再进行一定整理，再进行市场调查，将挖掘整理的内容与市场调查的结果进行有效结合，从而对品牌的定位进行确立。之后根据所确立的品牌定位对旅游产品进行创新设计，在设计中融入一定的文化和创意，从而赋予旅游产品一定的文化内涵，让旅游产品和服务在具有体验性的同时，也具有一定的文化性和多元性。在品牌传播的过程中，对现代营销手段与传播手段进行综合利用，与此同时，不仅要对品牌进行一定的管理，还要对品牌进行适当的维护。

三、非物质文化遗产旅游品牌及其价值

（一）非物质文化遗产旅游品牌

在文化遗产中，非物质文化遗产是一项非常重要的内容，也是一种非常重要的旅游资源，在旅游开发过程中，更是一种非常重要的原料。通过对非物质文化遗产进行合理的开发，从而形成旅游产品及独特的旅游品牌。同时，旅游品牌通过利用非物质文化遗产来吸引游客，将非遗项目作为核心，赋予非遗项目独特的内涵，让非遗项目具有特殊的文化性。非遗项目形成的旅游产品可以是有形的实物，也可以是无形的服务，更可以是实物与服务的结合体，旅游产品的属性、品质、品位、文化、个性等是游客心中对非遗项目品牌的综合印象。在这里，需要对两个问题进行明确，分别是非物质文化遗产的旅游化和品牌化。

在旅游开发过程中，非物质文化遗产是一种非常重要的开发资源，旅游是非物质文化遗产进行传播和传承的重要途径。非物质文化遗产的旅游化能够将非物质文化遗产所具有的文化魅力和民族特色进行更好的展示，能够对非物质文化遗产进行很好的传播和传承，让更多的游客对非物质文化遗产进行认识和了解，这些游客在一定程度上也会对非物质文化遗产进行传播和传承。非物质文化遗产的旅游化具有两种舞台化生存模式，一种是景区旅游模式，另一种是生活化生存 - 社区旅游模式。

非物质文化遗产的品牌化，不是简单地给非遗项目制作一个标签、设计一个LOGO，或者起一个响亮的名字。非物质文化遗产本身就存在着很多类别，有些非遗项目可以通过商品化产品生产的方式实现，如传统技艺制作的手工艺品或商品、传统医药的中成药制剂等；而有些非遗项目的珍贵性是体现在制作或者表演展示的过程中的，没有办法通过产品生产的方式来实现品牌化，如传统音乐、舞蹈、曲艺的表演过程，传统酿造技艺或制作技艺过程，很难实现品牌化。非物质文化遗产的品牌化，是全方位全流程展示非物质文化遗产的过程，并能最终满足消费者实物或者精神上的需求的品牌的形象认可过程。王俊杰（2018）从非物质文化遗产开发与保护品牌化的方面切入，研究了非物质文化遗产的文化基因，从文化基因的可承载性、可商品化、可产业化三个方面，提出了非物质文化遗产的品牌化模式。

例如，某中药品牌化过程中未发现明确的旅游要素的参与。但其中药制作技艺是一项非物质文化遗产，它的品牌化就不仅仅是消费者对该品牌生产的中成药或饮片品牌的形象认可，还包括了对该品牌中药原料选取、炮制、配制一个全过程的品牌的形象认可。

（二）非物质文化遗产旅游品牌价值

本书中所阐述的旅游品牌价值，指的是在游客心中对于旅游产品形象的整体认知，其中包含其旅游产品的属性和品质、档次和品位，个性与文化等。所以，旅游品牌的价值核心要义不仅是其市场价值，而且是旅游价值、文化价值、社会价值等。

旅游产品的特殊性决定了旅游品牌价值所具有的品牌化特征和旅游化特征。

旅游品牌的价值是无形的，品牌具有一定的无形性，是一种无形的资产；旅游产品也具有一定的无形性。

旅游产品的价值也是不可转移的，旅游产品核心资源所具有的不可移动性决定了旅游产品的不可转移性。例如，西安著名的兵马俑，人们要想观赏兵马俑，只能前往西安，除了西安，其他地区没有兵马俑可观看，由此可以看出，"兵马俑"旅游品牌只能出现在西安，不能向其他的地方转移。

旅游品牌的价值具有生产和消费的同时性。因为旅游产品的生产和消费在某种情况下是同时进行的，进行生产的同时，游客进行了消费；有的旅游品牌是建立在旅游服务基础上的，游客在享受服务的时候才能体现品牌的价值。

旅游品牌价值具有一定的易损性。例如，国内一些旅游胜地在旅游团长期实行"零团费"，但是大量自费购物和导游强制游客消费的现象屡禁不止，让这些地方的旅游品牌形象在一定程度上遭到了损害。

但是，不同于旅游产品，旅游品牌价值具有可存储性。旅游品牌的价值会存在于游客的心里，游客会根据自身的体验或者从其他途径获取的信息，形成一种旅游品牌价值的自我评价，从而在一段时间内存储于个人信息中，进而据此判断和影响旅游决策行为。

因为旅游品牌的研究对象主要集中在旅游业和旅游目的地，其中与旅游业相关的是旅游景区、旅行社、旅游饭店等，因此在旅游品牌领域的研究主要集中于旅游的这三个支柱行业和旅游目的地。

（三）非物质文化遗产旅游品牌价值构成维度

旅游品牌价值评价体系，是围绕着旅游品牌的价值开展的，核心是旅游品牌。旅游品牌价值的构成要素，是开展旅游品牌价值评价的基础，可以成为构建旅游品牌价值评价体系维度的一级指标。

从旅游的特性、旅游品牌价值的特征出发，结合品牌价值理论、国标中的品牌强度系数指标的有益启示，本书认为应该从旅游产品的生产者、旅游消费者（游客）、其他利益相关者三个角度，对应旅游品牌价值的市场价值、旅游价值、社会价值三个层面，基于市场竞争力、旅游吸引力、其他利益相关者影响三个维度来构建旅游品牌价值框架（如图5-1-1所示）。

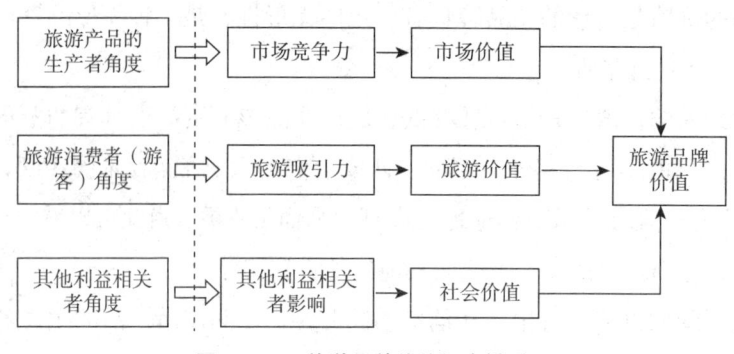

图 5-1-1　旅游品牌价值概念模型

1. 旅游吸引力

保继刚、楚义芳在编著的《旅游地理学》中对旅游资源进行了解释，他们认为，旅游资源指的是旅游目的地的自然景观、生态环境、历史人文积淀和那些被用于旅游产品开发的人文的创造物，都因对旅游者具有吸引力而被视作旅游资源。旅游资源不同于其他资源的最大特征就是旅游吸引力。

国家标准《旅游资源分类、调查与评价》（GB/T 18972—2017）中阐述了旅游资源的定义，旅游资源是指无论是自然界中，还是人类社会中，在各种事物和现象中能够吸引旅游者的注意力的，并且有利于旅游业的开发、应用在旅游业中的能够产生一定经济、社会、环境效益的资源统称为旅游资源。将旅游资源进行划分，可以分为 8 大主类，23 个亚类，110 个基本类型。

旅游资源将吸引游客作为重点发展目标。旅游目的地的成功在于能否对游客产生吸引力，这些游客不仅是本地或者周边的居民，也是距离旅游目的地很远的居民，这些居民有了旅游动机之后，才能对旅游目的地产生前往的意愿，从而做出实际行动，成为真正的游客。特殊的旅游资源吸引了广大游客。

旅游品牌之所以不同于其他品牌，关键就是因为它有旅游吸引力。旅游吸引力的强弱程度取决于旅游目的地产品类型的丰度和广度，旅游目的地旅游资源和产品对游客的刺激程度、游客对于出行目的地的选择和出游方式的选择，是反映旅游目的地或旅游设施吸引游客能力的重要维度，决定了旅游产品对旅游者的吸引力的大小，常用于引力模型中。如果假定其他条件都不变，旅游目的地所拥有的旅游资源品类越丰富，其地对旅游者所产生的吸引力就会越大，旅游者出游的意愿就会越强，就会进一步促进社会经济的发展。

旅游活动从本质上讲是一种高级的审美过程，时代背景不同，人们所拥有的审美情趣也是不同的，它在社会的发展中是不断变化的，其中人们审美情趣的变化主要体现在两个方面：其一，社会经济的发展决定了旅游需求的变化和旅游消费的变化；其二，旅游需求和旅游吸引力也会随着社会的变化，而具有不同的方向性，在不同的风尚驱动下，不同的旅游资源对旅游者的吸引力是不同的。

旅游吸引力是从旅游消费者（游客）角度来构建旅游品牌价值的，是旅游品牌价值的体现维度。游客对于旅游吸引力的关注，旅游吸引力对于游客的吸引程度，都与旅游品牌价值的高低呈正相关关系。

2. 市场竞争力

对于生产者来说，将旅游者的需求作为旅游产品设计和生产的方向，这样不仅有利于缩减旅游产品概念与计量方法之间的差异，还有利于解决二者之间的矛盾。但是我们这里所说的旅游生产者，是基于经济学理论的生产者，是为旅游活动生产必需的产品、提供必要的服务的组织、企业或个人。他们是旅游产品的制造者、服务者、中间传递、供给者，实体上可以是旅游企业、企业集团、景区管委会、个人等。他们生产着具有特殊属性的旅游产品，将旅游产品的使用价值让渡给旅游消费者（游客）。

商品其实是一种劳动产品，是可以用来交换的，也能够让人们的一些需求得到满足，具有非常重要的使用价值；在商品中也凝聚了人类的一般劳动，让商品具有了价值。马克思在《资本论》中指出，物的效用，使那物具有使用价值，但这个效用，绝不是浮在空中的，它是受商品体的性质限制着的，故离开商品体，使用价值即不存在，使用价值仅由使用或者消费而实现。商品通过自产自用只是将使用价值转移而已，只有通过交换才能实现交换价值，才能体现出价值。

美国心理学家亚伯拉罕·马斯洛（Abraham Mashlow）将人类基本的需要分为生理需要、安全需要、社交需要、受人尊重的需要和自我实现的需要五个等级。消费者自身有众多的需求，他们在交换商品的过程中让自身的需求得到了满足，商品的价值也在这个过程中体现了出来。商品为人们提供生活必要的衣食住行，很大程度上让人们的生理需求得到了满足。除此之外，商品也能让人们的精神需要和社会需要得到满足。商品的功能不仅体现在物质方面，还体现在精神和社会方面。因此，商品具有了使用价值。

旅游消费者的需要，不仅有基础的生理需要、安全需要，还有更高级的精神需要和社会需要。一次旅游活动的开展，需要餐食填饱肚子，但如果餐食在营养、口味、色形等方面俱佳，还能使消费者心情舒畅、精神愉快，甚至有的消费者远距离地前往目的地，就是为了品尝特殊的食品和欣赏非惯常环境的制作和生存状态。

经济学层面的旅游需求是将旅游者主观上的需求与客观上的实际支付能力进行有机统一，也就是旅游者在游览过程中，主观上愿意并且客观上能够购买一定的旅游商品或者服务。基于消费者的需求，旅游生产者更加关注如何满足游客需求，最大限度地提供能够满足需求的旅游产品。注重在市场上如何争夺更多游客，如何吸引游客，如何增强自己产品的"有用性"和附加"有用性"，进而通过更多的交换行为获得商品价值。

因此，对于旅游生产来说，设计和生产的旅游产品不仅要让游客的需求得到满足，也要在市场上具有市场竞争力，受到广大受众的青睐，这样才能让旅游产品在市场上脱颖而出，才能让旅游品牌在市场上发挥出更大的价值。因此，旅游品牌构建的价值需要通过市场竞争力表现出来。旅游产品在市场竞争力的基础上体现出了自身的使用价值，市场竞争力的提升能够让旅游生产者获得更多的支持，能够让旅游品牌发挥出更大的价值。

3. 其他利益相关者的影响

旅游产品的开发、旅游活动的开展、旅游业的发展，都会对相关利益者产生重要的社会影响。旅游产品的品牌价值也包含着相关利益者影响因素。旅游品牌价值的高低，要看是否遵守了法律法规的基础，是否发扬文化和促进文化交流，是否促进当地劳动就业和当地居民认同，是否带动周边相关产业发展，是否影响社会生态环境，是否改善周边基础设施和公共配套设施，是否符合当地道德规范和风俗习惯等，这些都是社会因素对旅游品牌价值的影响。当然，这些都会成为构成旅游品牌价值的因素，我们把旅游生产者、旅游消费者两个角度以外的因素统一归结为相关利益者角度或者社会角度因素。因此，从旅游品牌的社会价值层面来看，相关利益者也是影响旅游品牌价值体系的一个重要因素。

四、非物质文化遗产旅游品牌发展的必要性及意义

国家对非物质文化遗产进行保护和传承的过程中，主要采用了静态保护和静

态留存的方式，这样静态的方式让非物质文化遗产通过遗物和遗迹的形式呈现出来，在动态传承和动态发展中有很大的欠缺。其中，动态并不是媒体方面的动态，而是非物质文化遗产与受众之间所产生的互动，这种互动有利于非物质文化遗产自身价值的展现，能够让受众投入更多的关注和更多的参与，这样推动了非物质文化遗产的传播和继承。在非物质文化遗产动态传承和发展的过程中，旅游品牌的发展是一个非常重要的途径。

（一）旅游品牌发展有助于弘扬地方民族传统文化

我国部分地区的发展主要以旅游业为主，这些地区人民的生活水平与旅游的发展状况有很大的关系，因此当地人们一般会积极配合政府的各项工作，不仅在生态环境上为旅游业的发展营造出良好的氛围，也在传统文化上为旅游业的发展创造出良好的环境。只有广大人民与政府之间的积极配合，才能让众多濒危的非物质文化遗产得到了保护和传承，也让非物质文化遗产有了更好的发展，从而吸引了广大游客，推动了地区的经济发展。除此之外，游客与非物质文化遗产之间产生了互动，让游客充分认识和了解了非物质文化遗产，非物质文化遗产在这个过程中进行了传播。

（二）旅游品牌发展为非物质文化遗产的保护提供必要的资金

在现代旅游业中，非物质文化遗产是一种非常重要的旅游资源。非物质文化遗产本身具有非常浓厚的历史性和文化性，因此其历史价值和文化价值也是非常高的，而非物质文化遗产只有得到了有效的保护、传承和发展，才能发挥它的价值。旅游品牌的建立和发展不仅有利于非物质文化遗产的保护和传承，让非物质文化遗产的历史价值、文化价值和社会价值得以实现，还让非物质文化遗产在旅游活动中拥有了新的价值——经济价值。目前，虽然我国政府在非物质文化遗产上的资金投入有所不足，但是非物质文化遗产品牌的打造及相关旅游产品的开发，让非物质文化遗产具有了经济价值，让非物质文化遗产的保护和发展有了资金支持。

（三）旅游品牌发展有利于培养非物质文化遗产的传承人

旅游品牌发展提高了非物质文化遗产在社会和受众中的影响力和知名度，让广大游客投入了更多的关注和参与,带来了非常可观的经济效益,提高了政府和人们对非物质文化遗产的重视程度。因此,旅游品牌的发展为非物质文化遗产的发展奠定了坚实的群众基础,从而推动了对传承人的培养。旅游品牌的建立和发展让非遗传承人拥有了自豪感,也让他们的经济收入得到了提升。

(四)旅游品牌发展有利于提升当地知名度

提升旅游目的地的知名度,可以让旅游产品的内涵得到丰富,让旅游产品的档次得以提升。旅游品牌的发展,不仅可以推动当地传统文化的挖掘和开发,还能提高旅游产品的品位,促进旅游产品的创新发展,从而提高经济效益。

第二节 旅游品牌构建过程中存在的问题

一、旅游品牌建设中普遍存在的问题

(一)重旅游建设,轻旅游品牌传播

旅游品牌的良好建设能够极大地促进城市旅游业的发展,有利于城市旅游形象的良好展现,也有利于受众对旅游品牌形成良好的印象。因此,很多城市都将城市旅游建设作为重点来发展,并且花费重金邀请城市旅游建设方面的专家来规划和设计旅游场所,在各类旅游工程建设上投入了大量的资金,希望在旅游上获得良好的反响。

但是,旅游品牌传播方面的管理有所欠缺,相关管理人员并不稳定,也没有制定合理的制度,也没有投入到位的管理经费,这对旅游品牌的发展造成了严重的影响,导致了"墙里卖了命,墙外无花香"的结果。

(二)旅游品牌同质化或摇摆问题突出

多数城市旅游品牌定位在景观资源上,在品牌宣传中,运用比较多的形容词是休闲、活力、多彩、浪漫等,运用比较多的名词是故里、城、都、山水等。由此可见,一些城市充分利用自身的自然特色和历史文化特色,盲目地跟随潮流、进行模仿,因此出现了很多雷同现象。有些城市旅游品牌在名山大川、风情美食

等方面创新出了一些特色产品，但是也往往被大众所忽略。在城市旅游品牌建设中，如果没有很好地挖掘和开发出城市固有的特色，那么城市旅游品牌也就不会将良好的效应释放出来，更为严重的是会产生一些错误引导。

除此之外，有些城市在旅游品牌建设中过于追求标新立异，随意将原有的定位进行了改变，从而不断更新和调整城市旅游的发展理念，这样让旅游品牌没有形成固定的形象，不能让受众真正认识到城市旅游的特色，这对旅游品牌的建设和发展是非常不利的。

（三）旅游品牌传播中受众意识淡薄

目前，我国很多城市在传播和宣传旅游品牌的过程中并没有采用受众导向模式，而是采用了家长式的方法，希望通过对受众加以引导，让受众能够接受和认可预先设定好的品牌包装。这样虽然让城市旅游形象在外界看来是醒目的，但是游客内心对品牌的认识脱离了品牌的定位，这样很容易让旅游体验与城市旅游品牌的形象严重不符，大大降低了传播的有效性。

旅游品牌建设过程中，多数城市的居民并没有强烈的主体意识，主观上没有强烈的参与意愿，这就导致了所设定的品牌存在一定的质疑和争论。对城市旅游品牌进行解读的过程中，外部受众处于被动状态，无法正确解读旅游品牌的内涵，也无法形成对旅游品牌文化的正确解读形式。官方与民众之间没有建立起良好的沟通桥梁，依然存在只报喜不报忧的不良现象，致使品牌的内容难以得到政府和民众双向的认可。

（四）旅游品牌传播手段单一

随着时代的发展，传播的形式也越来越多样化，所使用的媒体整合手段应该是科学的、合理的，也应该是行之有效的，这是非常有必要的。受众群体不同，采取的传播策略也应该有所不同，加强品牌与受众之间的互动，扩大城市品牌的认知范围，提高城市品牌的认可度。但是，多数城市的传播手段仍然很单一，过于依赖大众传媒广告。传播城市旅游品牌的过程中，并没有将媒体进行合理有效的组合，导致传播广度和深度上存在一些问题。

城市旅游客源市场的竞争越来越激烈，游客的需求呈现多样化的趋势，这就需要采用更为合适的整合营销传播手段。通过利用合理的整合传播手段，可以让旅游品牌的信息以一种连贯的方式明确地传达出来，在竞争中获得更好的优势，引起更多受众的关注，从而使有效的传播目的得以实现，赢得社会和受众的认同。但是，在这个过程中，多数城市管理者并没有形成明确清晰的认识，让品牌信息传播的效果大打折扣。

（五）缺乏对旅游品牌的危机管理意识

对一个城市表示喜欢，可以用多个理由来描述，但是对一个城市表示不喜欢，用一个理由即可，这一个理由就对城市旅游的发展产生了严重的阻碍。木桶定律（cask effect）能够很好地对这种情况进行解释，这个定律是由美国学者劳伦斯·彼得（Laurence Peter）所提出来的，其主要内容是如果桶壁上有不同长度的木板，其中最短的那块木板对这只桶的盛水量起到了决定性作用。因此，城市管理者在旅游品牌建设和传播过程中，要找出其中的"最短板"，从而通过各种方式来补齐它，这样才能更好地传播城市旅游品牌，才能让城市旅游形象得以提升，让城市旅游业得到良好的发展，让城市旅游经济朝着良好的方向发展。

西方将危机管理定义为应对各种危机情形。旅游品牌涉及的方面有很多，如资源、形象、服务等，任何一个方面出现了差错，都可能影响整个品牌的形象，严重的甚至会对整个品牌造成毁灭性的影响。在品牌管理过程中，随时都有可能出现危机，但是多数城市在危机管理方面并没有进行很好的预警和预案准备，甚至在危机出现之后一段时间内仍然没有良好的解决方案，各部门之间甚至会互相推诿，以至于处理危机的最佳时机就这样被错过了，之后即使有再好的解决方案都无济于事了。

二、非物质文化遗产旅游品牌塑造问题

（一）遗产资源转化不足

就目前的发展与开发而言，其所有活动的开展都离不开当地基础建设的支持，只有基础建设得到优化，旅游开发才可以得到保障，而对于非物质文化遗产旅游品牌塑造而言，有了基础保障，还需要有文化产业方面的保障。以北川县为例，北川县非物质文化遗产的旅游开发利用就存在明显不足。比如，具有吸引力、感

染力和传播影响力的传统舞蹈、传统技艺、传统音乐、民俗等旅游开发潜力大的文化遗产资源，未能在全县旅游景区开发中发挥其应有的影响力，非物质文化遗产转化为旅游资源、旅游产品的力度不够，对于各景区乃至全县的旅游品牌塑造所起到的支撑作用较低。

（二）保护性开发力度弱

进行非物质文化遗产的保护最为核心的一点就是要让它从博物馆走出来，面向社会、面向大众、走向产业，只有通过资源转型、活态化利用才能实现有效的保护，避免其保护出现走向博物馆、脱离群众的问题。保护与利用二者是一个互相促进的关系，只有采取利用的方法进行保护开发相关资源，才可能真正让非遗保护具备生态性、活态性。就目前情况而言，伴随旅游产业大力开发，人口流动增强，很多年青一代更多是前往经济发达的地区务工，青年劳动力及人口流失相对明显。这样的经济现象也会影响到整体的文化传承，给文化产业带来实质上的打击。由于传承人少，年轻人关注程度不高，即便是积极采取保护措施，也只是将其列入非遗博物馆，而非活态化保护。

（三）过度商业化

在旅游产业发展的过程中，将非遗文化进行商业化处理，是合理利用的最关键途径，也是改善地区经济和民生的关键所在。但是过度商业化会失去文化的本来色彩，就会导致出现一系列的问题，与旅游品牌的塑造理念背道而驰。旅游品牌发展可以在一定程度上推动当地经济发展，并增加当地的就业机会，为民生发展、产业发展提供支持和保障。但是就目前发展而言，近年来整体经济发展产生了急功近利的问题。过度商业化破坏了文化资源，非物质文化遗产经历了各种开荒式的开发，导致原本的文化资源利用和解读都出现了一定问题。很多当地企业由于规划问题、资金投入的问题，导致整体上以利益为主，不关注非物质文化遗产本身。

过度商业化的发展会带来严重的后果，对文化资源的开发、利用会带来本质上的破坏，失去良好的口碑和文化吸引力。这些问题的出现都是发展过于盲目所导致的。

第三节　数字艺术与文旅融合趋势下的品牌提升战略

一、数字艺术和地域文化在旅游品牌提升中的应用

（一）构建以特色地域文化为核心的旅游品牌的重要性

在传统旅游中，消费者通过亲身到旅游目的地进行游览，从而获得旅游体验；通过其他人的旅游体验和传统媒体的途径了解旅游目的地的相关信息。而在现如今消息遍布的背景下，消费者能够通过各种途径获得旅游的相关信息，旅游信息如何能够在信息多元化中突出出来，激起消费者的兴趣，从而产生旅游的愿望，并付出实际行动，是当前旅游景区发展过程的重中之重。随着消费者日益增多的需求，旅游行业的发展得到了提升，国内外各个地区不仅对传统景区进行了一定的改造升级，还对新景区进行了开发和建设。与此同时，人们对景区的品质和内涵提出了更高的要求。近些年来，部分景区进行了资源整合，从众多旅游资源中提炼出了精髓之处，从而打造出了文化旅游品牌，这一系列举措的市场反响是非常有成效的，在激烈竞争中发挥了自己的优势，提升了自身的竞争力。对于从业者来说，他们非常清楚地知道所构建的旅游文化品牌必须具有非常强烈的识别性，才能在未来进行可持续发展。品牌承载着一个商品或者企业的文化，外在形式上极具代表性，并且具有明显象征性的标识，内在形式上蕴含着独特的文化内涵和特殊价值，其中最为根本的价值是品牌能够让同类型的品牌或企业之间有所区分。景区所处的地区一般具有众多地域文化，而旅游品牌就是对这些文化进行了整合提炼，让消费者心中品牌的形象得以加深，地域文化的提炼能够帮助景区与其他同类型的景区进行有效区分，能够有效帮助景区建立旅游品牌。消费者通过旅游品牌感受景区的各种美景，体会其中的文化内涵。

（二）数字艺术在旅游品牌开发中的应用

1. 构建数字艺术化品牌特色视觉形象——挖掘文化内涵，提炼视觉符号

当前，国内景区普遍存在同质化严重的问题，缺乏特色的旅游景区很容易产生发展受限、被消费者抛弃、被市场淘汰等问题。而一个优秀的旅游景区最具代

表性的特色其实就是所处地区的特色地域文化。放眼全球，特色地域文化是区别于同类型旅游景区、吸引消费者的关键因素。因此，提炼旅游景区特色地域文化对提升旅游景区市场竞争力的意义重大。以凉山彝族的旅游品牌打造为例，凉山彝族作为中国少数民族中的一个重要分支，本身就具有非常丰厚的文化底蕴可供挖掘。打造凉山彝族旅游品牌的第一步就是对其特色地域文化进行挖掘和提炼，收集并分析凉山彝族的地理环境、民俗活动、民俗传说、民俗手工等与其他地区少数民族不同、仅限于凉山地区独有的各类资源信息，将提炼后的精髓通过数字化手段转化为有代表性的视觉化图形图像，实现凉山彝族特色地域文化与品牌视觉形象设计深度融合。由此打造的独一无二又极具代表性的旅游品牌视觉形象，是建立在文化赋予品牌内涵和灵魂的原则上，通过数字化的图形符号这一表现形式来传播旅游景区的文化内涵，可以从根本上实现对凉山彝族旅游品牌文化价值的提升，同时也能够帮助强化旅游景区独特性，吸引高质量消费者，增强市场影响力。

2. 善用数字媒体推广平台——多元化的媒体平台，助力品牌实现多维度推广

随着互联网技术和计算机技术的快速发展，信息传播的途径不再只是传统媒体，如报纸期刊、电视电台等，而是目前非常重要的互联网信息传播平台——数字媒体平台。数字媒体平台具有非常丰富的网络资源和庞大的网络消费群体，能够不受时间和空间的限制进行大量旅游信息的传播和推广，在大数据的基础上还能实现消费群体定向推广，对于传统媒体来说，这些是无法做到的。数字媒体平台从根本上改变了旅游文化传播的形式，并在传播过程中发挥了自身的优势。数字媒体平台上，将旅游相关的图文、视频和音乐进行了有效结合，在感官上对消费者产生了刺激，让景区文化信息的介绍变得不再枯燥，让静态的景区风景照变得更具亲和力，充分激发了消费者的兴趣，让消费者产生了前往景区的冲动。要想对旅游品牌进行更好的推广，应该将优质的旅游文化传播内容制作出来，在景区和消费者之间架起良好的沟通桥梁。其中，在内容创作的过程中，应该充分考虑平台的特性和数据，从而制订出科学合理、针对性强的数字媒体推广方案，构建出具有创造性和影响力的有效传播方式。传播内容的打造应该充分利用景区所处地域的文化底蕴，通过内容创造出需求和流量。优质的传播内容打造出来之后，在数字媒体平台上进行全域推广，通过各种方式

提升旅游品牌的曝光度和影响力，从而达到销售转化的目的。

3. 建设数字信息化景区——利用数字信息技术，推动景区智慧升级

数字媒体技术的发展对各行各业都产生了重大的影响，旅游行业亦不例外。针对"互联网＋旅游"的发展，国家发布了一些相关文件，如2020年发布的《关于深化"互联网＋旅游"推动旅游业高质量发展的意见》，2021年发布的《开好局起好步推动文化和旅游工作开创新局面2021年全国文化和旅游厅局长会议工作报告摘要》等，这些文件中都对"互联网＋旅游"的发展提出了一些重要意见，在数字化、网络化和智能化的智慧旅游方面要加快速度，在旅游信息基础设施建设方面要重点加强，智慧景区方面要加快建设速度，从而将线上与线下进行更为有效的结合。由此可知，旅游业呈现出数字化和智慧化旅游景区的趋势。优质的体验、人性化的服务是数字化景区建设的重点，一个成熟的数字化景区是一体化的，应该根据消费者的习惯从细化的服务场景着手，打造极致的用户体验。服务体验主要包括游玩、运营管理、营销推广三个方面，通过线上线下一体化的服务，通过如扫码入园、刷脸入园、数字化地图、虚拟旅游、AI服务等客流数字化、服务信息化的功能能够帮助旅游景区实现以数据驱动的运营，有效改善并提升景区的经营模式和效率，让线下消费者向线上转化，从而实现线上与线下的全域运营，让景区的商业价值得到进一步提高。这种一站式的服务和管理非常有利于景区的战略性调整，能够根据旅游产品从研发到推广再到消费所呈现出的客观数据进行及时有效、科学合理的调整，提升了景区服务和管理的效率，优化了景物的管理运营。

4. 尝试数字娱乐化产品开发——丰富品牌推广形式，推动品牌的可持续发展

旅游文化的内涵是一个复杂的综合体，有形的自然风光、无形的人文历史都属于旅游文化的范畴，它具有很强的多样性。我国历史文化悠久、地理资源丰富，如何充分挖掘地方旅游文化特色和内涵并用一种兼容性高、大众接受度高、传播性强的形式来展现，是当下旅游景区营销推广的重点课题之一。而集合了图形文字、音视频、数字动画为一体，以数字游戏、数字影视为代表的数字娱乐化产品正是这样一种全新的媒介，具有很强的兼容性，能广泛适用于各种平台。数字娱乐化产品近年来发展迅猛，已经成为炙手可热的大众娱乐方式，并广泛运用于文化、教育、科学研究、产业开发等领域。数字娱乐化产品能够让信息传递变得生

动有趣味，旅游文化信息中的人文历史、风俗民情、神话传说这些无形的信息，能够通过数字游戏或是影视作品的形式进行展现，对因为地域不同而产生的文化差异进行趣味化的解读，让受众在轻松的氛围中体会和感受其魅力和特色。除了能够生动地展现旅游文化特色，数字娱乐化产品凭借其深入浅出的表现形式和交互性强的特点，可以帮助保护、记录、发扬民族传统文化遗产。民族传统文化是人类文明的瑰宝，它也是旅游文化的重要组成部分，结合数字娱乐化产品，以生动的视觉语言、通俗易懂的演示、趣味性的互动形式进行传播推广，有助于实现民族传统文化的保护和传承，扩大民族传统文化的影响力，帮助民族传统文化展现新的生命力，推动地方文化传承保护和旅游资源深度开发的可持续发展。

5. 探索数字虚拟旅游新模式——结合新技术手段，提供跨时空旅游体验

近些年，出现了一种新的旅游体验模式——虚拟旅游。虚拟旅游就是通过运用虚拟现实技术对真实旅游景观进行模拟，从而构建出一个虚拟的旅游环境，这个虚拟旅游环境是超现实的，是三维立体的，能够让用户足不出户就能体验到世界各地的旅游景点，并且在虚拟旅游环境中用户获得的感受是非常逼真的，也是非常细致生动的。国内一些景区也对虚拟旅游项目进行了开发，并且收获了良好的成效。我国首个虚拟旅游体验项目就是"虚拟紫禁城"（如图5-3-1所示），它将紫禁城的历史文化景点充分展现了出来。"虚拟紫禁城"通过运用高像素、超精细的3D建模技术将故宫进行了还原，其中包含故宫的建筑物、器物、人物等，也设计了众多路线供游客游览。"虚拟紫禁城"在建设开发过程中，技术人员咨

图 5-3-1 紫禁城 3D 虚拟旅游场景

询了相关历史专家，在虚拟紫禁城中将部分皇家生活的场景进行了还原，用户在虚拟环境中，不仅能够游览紫禁城的风光美景，还能与虚拟人物进行交谈和互动，这样用户所获得的游览体验是新奇的，也是生动的。虚拟旅游不受时间和空间的局限，让大众获得了多维度的旅游体验，并且虚拟旅游具有强大的交互性，能够让游览的用户从中了解旅游文化的内涵和特色，从而激发出游客对旅游地进行亲身体验的愿望，在这个过程中，也宣传和推广了旅游文化品牌。

二、旅游品牌形象的提升策略

（一）数字艺术在旅游景区品牌形象中的应用

1. 数字影视实现旅游景区品牌形象的立体化展示

数字影视的制作手段呈现出多样化的趋势，数字影视的展演平台呈现出多元化的趋势，不仅在创作内容上进行了创新，还覆盖了现阶段主流的宣传渠道，在多个平台上进行了宣传和推广。通过数字影视作品进行传播是品牌宣传和推广的重要途径。从旅游景区取材并拍成一部形象片，将这部形象片上传到各个媒体平台，或者与影视IP项目建立深度合作关系，从而对旅游景区的风光美景和文化特色进行宣传推广，这是旅游景区经常采用的宣传手段。旅游景区品牌文化涉及的内容非常丰富，涉及的范围非常广泛，如人文历史、民俗风情、地域特色、神话传说等都是旅游景区品牌文化的内容和范围。数字影视作品是景物精华的浓缩，将旅游景区通过生动的画面向观众展示出来，不仅极具观赏性，也具有很强的科普宣传性。一部优秀的影视作品，不仅有相应情节的编排，还有优美音乐的搭配，在感官上给观众带来了愉悦感，让消费者的审美需求得到了满足，在情感上引起了消费者的共鸣，也激发了消费者旅游的冲动。数字影视作品对旅游景区的品牌文化不仅进行了全方位的展示，也进行了立体化的展示，让旅游景区的品牌形象得以树立，让旅游景区的品牌形象得以宣传和推广（如图5-3-2所示）。

图 5-3-2　香港旅游宣传片《HongKong Strong》

除了通过拍摄数字影视作品这条宣传渠道，还应该充分利用当代新的传播形式，这样才能让旅游景区的品牌形象达到良好的宣传推广效果，如目前非常流行的某短视频平台，该平台上拥有国内外大量的用户群体，通过该平台对旅游品牌形象进行宣传推广，这是非常有必要的。时代在发展的同时，新媒体的传播渠道和方式也在不断更新。短视频的形式非常有利于旅游景区品牌形象的宣传和推广，与此同时，能够将旅游景区各种美景美食和特色文化带到更广大的群体面前。短视频将不同的人、事、物进行了紧密结合，营造了美好的生活展示平台，在这个平台上能够共享价值，能够共享利益，并对人们的日常生活和行为习惯产生了深刻的影响，如图 5-3-3 为某短视频平台效应的图像化展示。

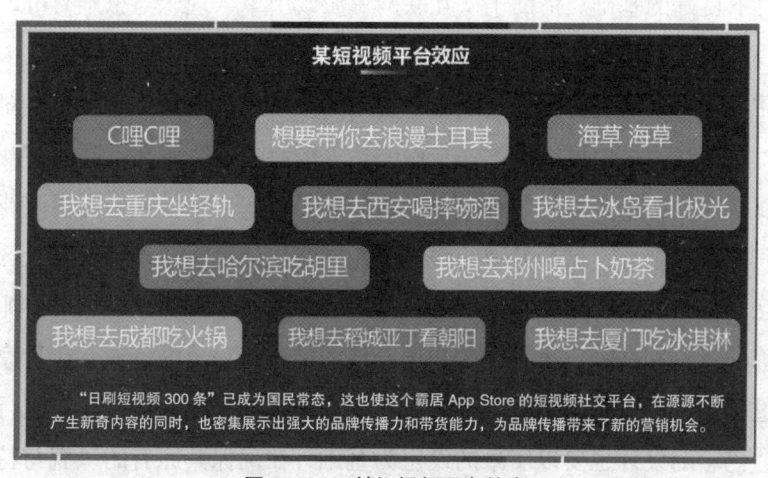

图 5-3-3　某短视频平台效应

2. 数字游戏实现旅游景区品牌形象的趣味性解读

旅游产业是基于需求层面来对其进行界定的，人们形成了旅游的需求之后，才形成了消费与供给，是以需求助推产业发展，在这种模式之下，旅游产业的发展存在着较强的产业渗透性。从产业发展来看，目前数字游戏产业处于高速发展期，从实际数据来看，2017 年，全球实现了 7 661 亿元的游戏市场收入，较 2016 年上升了 10.7%，其中移动游戏市场呈现出了强大的增长力，我国占据了全球 28% 的游戏市场份额，全年营业收入超过 2 000 亿元。当前，旅游业与网络游戏产业之间的融合发展已经初现端倪，如浙江省的黄岩迷窟、飞石岭虚拟世界等，这些景点都实现了旅游业与网络游戏行业的渗透与融合。再比如，济源市旅游局与某网络平台共同推出一款精品页游，将济源市的 7 个特色景点在整个游戏中进行植入，从而让玩家在进行游戏的过程中也可以对济源的名景进行游览，济源的景点与古神话故事进行了有机结合，玄幻的题材与景点之间毫无违和感，旅游与游戏之间进行了良好的结合。数字游戏可以对旅游文化进行个性化的解读，并为人们营造了欢乐的氛围，让人们在娱乐的同时了解了旅游景点的信息和旅游景区品牌特色文化。

旅游景区品牌与数字游戏的结合，可以将大量的旅游元素以游戏情节的形式展示出来。把真实的旅游内容变成游戏内容，再将旅游体验、感受与发现和建议等与整个游戏相融合，从而将互动与分享转化为资源组合。玩家在游戏的过程中，可以领略自然风光的魅力、人文地理的厚重、风土人情的趣味等，从而为未来周游世界打下良好的基础。借助于"互联网 + 游戏引擎"理念与思维，可以构建一个线上线下的互动模式，从而实现游戏与旅游的良好结合。在数字游戏中融入旅游景区品牌，为景区进行场景定制等；在不同的场景里设计旅游大使，对景点进行介绍；在游戏称号中可以设计一个旅游达人的相关称号，在不同的游戏场景活动中可以获取旅游景点的门票等。借助这些多元化的合作模式，实现游戏与景区品牌之间的深度结合，提升品牌的曝光率，同时也让玩家通过游戏与景区品牌展开良性互动。旅游景区品牌与数字游戏跨界合作的一个重要突破点是要抓住旅游景区品牌的特色和精髓，将其在游戏场景地图中进行完美的植入，让玩家在进行游戏的过程中，可以感受两者融合之后所带来的关联性娱乐体验。在进行游戏的过程中，色彩的设计也要以实景的设定为基础，在确保其原有的风貌与特色不被破坏的前提下，借助网络的虚拟化特征，呈现给玩家更真实的观景体验。数字游戏具有"交互沉浸式"的特征，它可以为玩家带来更加直观、更加逼真的视听感受，从而让玩家在其情境之中进行聚集，感受浓厚的环境氛围，激发玩家对旅游景区的兴趣。数字游戏给玩家带来了更直观、更突出的旅游体验，能够强化玩家对旅游景区品牌形象的认知和印象。玩家借助游戏对景区形成一个初步的认知，在未来的旅游规划中，也可以拥有更多的选择，潜移默化间增强了旅游景区品牌的知名度。从休闲娱乐产业的层面来看，将旅游与互联网娱乐之间进行多元化的融合，可以实现两者之间的互补，跨界融合的效果具有多种创新之举，从而获取良好的效果与认同度，这便是以"互联网+"为基础所提出的景区品牌创新营销模式。

3. 虚拟旅游实现旅游景区品牌跨越时空限制的推广和体验

虚拟旅游是指通过利用互联网技术对旅游景观进行模拟，并且以动态和逼真的形式呈现在游客面前，游客在虚拟旅游中可以选择自己喜欢的游览路线，可以选择适合自己的游览速度，也可以选择自己想要观看的视点，这样为游客的游览提供了很大的便利。虚拟旅游是一种新型旅游方式，并且为游客打造了全新的旅游生态圈。虚拟旅游通过运用虚拟现实技术在视觉、听觉、触觉等多感官上为人们带来了非常震撼的效果，人们可以在虚拟旅游环境中快乐地享受旅游景区品牌特色文化，这些都会影响消费者的决策和行为，从而让游客从虚拟旅游向实际旅游行动转化。虚拟旅游极大地推动了旅游品牌形象的宣传和推广，还将消费者在旅游上的需求充分激发了出来，从而在经济和社会上带来了良好的效益。如图5-3-4 所示，是虚拟旅游的系统界面。

图 5-3-4　虚拟旅游系统界面

虚拟现实通过虚假的形式对不同时空维度的旅游文化进行了整合，并将整合之后的内容展示了出来。在现实生活中，人们与异地文化在空间上有很大的距离，在游览时间和空间上都有很大的限制，但是，虚拟旅游打破了时空的限制，受众能够在足不出户的情况下，在虚拟世界里感受到生动而逼真的旅游文化，为无法出远门的老人、残疾人带来了很大的便利，在人文上带来了很大的关怀。从营销模式上看，虚拟现实技术的应用带来了新的营销模式，企业可以通过虚拟景点景观将消费者旅游体验的欲望激发出来。虚拟旅游为消费者带来了从旅游定制到景观游览的完整信息，消费者不再是通过口耳相传或者宣传图片文字获得旅游相关信息，而是通过虚拟旅游获得一个能够在视觉上看到的、真实的旅游景区的全部概况。虚拟旅游的真实性提高了用户自发的探索性，这种营销推广方式不受时间和空间的限制，是更为立体化的一种方式，非常有利于提升旅游景区品牌在受众心目中的形象。

（二）非物质文化遗产的旅游品牌商品化

传承民族、城市的文化个性，促进文化消费，提高大众审美素养是摆在每个设计师面前的历史任务。对非物质文化遗产进行商品化，将非物质文化遗产向具有地方特色的旅游产品进行转化，从而赋予非物质文化遗产以社会价值和经济价值，在这个过程中展现其历史价值和文化价值。以往非物质文化遗产相关的"传承人"更容易和档案学家、学者、音乐家、艺术家相互合作，为"活态化"的非物质文化遗产提供背景知识并记录和整理。但近年来更多的设计工作者积极介入，把遗产文化要素转化为可视的商业符号推进其产业化发展。

1. 文化的传承不是简单复制

旅游产品的设计不应包括违反遗产资源文化价值保存的因素，传统继承者不会被吞没或受到负面影响。资产的传统价值不应为适应旅游需求而被改变，应作为产品文化附加值而增加。许多遗产资源虽然发生了变形，但是内涵的独特文化语境并没有发生改变。这主要是因为遗产资源的审美细节是非常丰富的，与时代的经济和审美之间有着紧密的联系。非物质文化遗产是独特的，是持久的，具有一定的价值标准，这些优秀品质让它流传至今，尤其是非物质文化遗产手工技艺，它与现代工业之间存在着很大的关系。但是目前，对于旅游工艺品的购买者来说，他们所关注的重点是产品的外形和价格，之所以购买它主要是为了欣赏，而不是为了使用。因此，对于文化遗产手工艺商品运用了机械化和大众化的制作方式，取代了传统手工的模式。但是，大批量的复制模式不利于文化遗产手工艺的创新，也丢失了文化遗产手工艺商品的品质。这样的复制模式虽然与市场是相符的，但是这不利于传统工艺品细节的刻画和创造性价值的实现。设计并不是对文化遗产手工艺作品进行简单的商品化复制，而是在时代的发展过程中进行不断的创新，应该向大众展示深厚的文化内涵，而不是向大众展示浅显的表面。

2. 非物质文化遗产品牌定位及设计创新

设计艺术并没有对传统手工艺经验进行排斥，但是它对设计的科学性、艺术创造性进行了强调，这样才能创造出与现代生活要求相符的审美方式。在对非物质文化遗产商品进行设计过程中，需要明确品牌的定位。设计的方式有很多种，如为非物质文化遗产编织一个神话、构建一个故事，将过去与现在紧密联系起来，从而让静态的非物质文化遗产变得更加生动，让非物质文化遗产与旅游者之间产生互动，让旅游者更好地参与到旅游活动中。在品牌创建过程中，文化进行了充分而精致的展示。优秀的民族文化遗产资源具有非常高的可信度和魅力值，其本身也具有很高的影响力，让人们消费的对象不是商品，而是文化内涵和品位格调。在设计过程中，应该创作出有意味的形式将旅游者消费的欲望充分激发出来，在其中将人性化和个性化充分体现出来。设计的文化旅游产品应该具有新奇的造型，合理的包装结构，能够在体量上和视觉上给人们带来冲击感，不仅要发挥使用价值，也要发挥创造价值。文化旅游产品不仅应该满足消费者日益精细化的要求，还要满足消费者在方便携带上的要求。在文化旅游产品的包装设计中，可以运用一些独特的图腾、传统工艺图案、风光美景、名胜古迹等带有地域文化符号的内容，从而将包装的创意表达出来；可以与现代设计软件结合，让包装看起来更加简洁，但又不失美观，赋予包装以时代气息。在对非物质文化遗产有形产品进行设计的过程中，既要融入文化旅游者的消费体验，还要融入文化旅游者的文化品位。

参考文献

[1] 安静. 谈非物质文化遗产的活态化传承 [J]. 大众文艺，2022(13)：4-6.

[2] 王延春. 临夏州非物质文化遗产保护与传承的若干思考 [J]. 参花（上），2022(8)：116-118.

[3] 黄永林. 破圈与聚焦：非物质文化遗产学发展的现实选择 [J]. 民俗研究，2022(4)：16-23：157.

[4] 贺军. 非遗文化的新媒体传播策略研究——以江永女书为例 [J]. 传播与版权，2022(7)：89-92.

[5] 安丽哲. 从"传承"到"再造"：2021年艺术人类学视域下的非物质文化遗产研究 [J]. 民族艺术研究，2022，35(3)：25-30.

[6] 贾丽. 浅谈非物质文化遗产的传承与保护——以庆阳面塑为例 [J]. 文物鉴定与鉴赏，2022(12)：174-177.

[7] 郭李俊. 文旅融合视角下新余市非物质文化遗产旅游保护性开发研究 [D]. 南宁：广西民族大学，2022.

[8] 张露芳，周朋泽，刘肖健. 传统手工艺类非物质文化遗产的创新发展策略 [J]. 浙江工业大学学报（社会科学版），2022，21(2)：207-212.

[9] 杨帆. 新媒介文化与非遗文化的互动与调适：基于短视频平台上非物质文化遗产异变现象的分析 [J]. 湖南工程学院学报（社会科学版），2022，32(2)：52-58.

[10] 李雪丹. 济南历史文化街区中"非遗"的活态发展研究 [J]. 大众文艺，2022(12)：1-3.

[11] 霍亮亮，王丽云. 品牌IP视角下非物质文化遗产的创新发展研究——以善琏湖笔为例 [J]. 大众文艺，2022(12)：56-58.

[12] 陈泉如. 陕西非物质文化遗产媒介融合传播路径研究 [J]. 中国报业，2022(12)：22-24.

[13] 徐彩. 非遗的传承与创新 [J]. 天工，2022(18)：1.

[14] 王理. 地方院校与非物质文化遗产融合发展研究 [J]. 大观 (论坛)，2022(6)：105-107.

[15] 张泉，柳照娟，邹成东. 非物质文化遗产数字化保护与发展路径研究——以阜阳剪纸为例 [J]. 阜阳师范大学学报 (社会科学版)，2022(3)：10-17.

[16] 严洪福. 非物质文化遗产保护路径探析——以衢州西安高腔为例 [J]. 文化月刊，2022(6)：44-46.

[17] 姚寅歌，李丁杰. 文旅融合背景下洛阳文化遗产保护与利用研究 [J]. 洛阳理工学院学报 (社会科学版)，2022，37(3)：57-60.

[18] 束秀芳，梁梦琴. 消陨的记忆：非物质文化遗产的数字化创新与价值传承研究——以"芜湖铁画"为例 [J]. 安徽商贸职业技术学院学报，2022，21(2)：54-57.

[19] 刘瑞，赵云海. 域外非物质文化遗产保护的法律机制考察及其启示 [J]. 长治学院学报，2022，39(3)：50-57.

[20] 董丽丽. 非物质文化遗产数字化档案数据治理策略研究 [J]. 兰台内外，2022(17)：4-6.

[21] 莫非. 文旅融合背景下非物质文化遗产的保护与发展——基于文化认同视角 [J]. 齐鲁艺苑，2022(3)：114-119.

[22] 赵肖丹，赵洁，刘草，等. 融合创新理念下的河南省非物质文化遗产保护传承研究 [J]. 河南科技，2022，41(11)：142-146.

[23] 薛芷宜. 加强非物质文化遗产数字化建设的思考 [J]. 乡音，2022(6)：6-7.

[24] 刘志华，周泽鲲，张凌云. 信息技术在农业文化遗产可持续旅游中的应用及其问题 [J]. 旅游学刊，2022，37(6)：11-13.

[25] 施沛. 文创产品在弘扬传统文化中的交融作用研究——以南京非遗文化为例 [J]. 天工，2022(16)：30-32.

[26] 史学峰. 文化产业背景下的非物质文化遗产数字化保护与传承路径研究 [J]. 文化创新比较研究，2022，6(16)：89-92.

[27] 一梦，小磊，婷婷. 甜蜜的非物质文化遗产 [J]. 东方少年·布老虎画刊，2022(6)：26-27.

[28] 顾媛. 法国非物质文化遗产保护国际合作研究 [D]. 扬州：扬州大学，2022.

[29] 刘晓薇. 非遗保护与现代化教育的研究——以玻璃艺术为例 [J]. 文化产业，2022(15)：64-66.

[30] 闫京榜. 浅议非物质文化遗产保护与中国传统文化传承 [J]. 文化产业，2022(15)：67-69.